U0038079

初心

江振誠

André Chiang

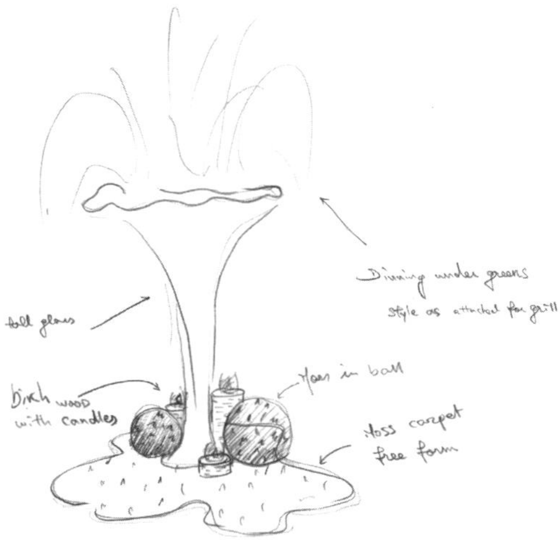

Le
Déjeuner
Sur
L'herbe
Edouard Manet
1863

推薦序——1

真正的台灣之光

名作家 **李昂**

為了對江振誠的廚藝有了解，我不僅在台灣吃過他客席作的餐宴，還特別遠赴新加坡，一嚐「Restaurant ANDRE」，並和他有小小的接觸。他留著廚師常見的三分頭，乾淨俐落，仍有過去可上伸展台作模特兒的美好形樣。言談之間不只應對得體，更煥發著人文色彩。

這是個不只廚藝精湛，還是個具思想的大廚，難怪能夠如此年輕即站上世界性的舞台。讀了《初心》一書後，更印證這一切成就，皆是多年、萬般努力方有的成果。

他談自創的「八角哲學」，八角最接近圓形，各有稜角但近乎完美：純淨 Pure、鹽 Salt、技藝 Artisan、質感 Texture、南方 South、獨特 Unique、記憶 Memory、風土 Terroir。以此「八角哲學」，每天看食材進貨以及當下的感覺做菜，沒有固定菜單，也沒有菜名，分成八列。

比如作為「質感 Texture」的這道菜，主要部份上來時讓人眼睛一亮，一尾完整不大的蝦，有炸得熟透的蝦頭、全生的藍色蝦身，用了來自辛巴威的蝦，粗壯質感強有咬勁，生／熟之間，一起入口／分開而食，的確，充份的激蕩出食材的 Texture。

我笑著問他：為什麼是炸蝦頭，而不是保留生的蝦頭，炸熟蝦尾？他直覺的回答：蝦頭本來就是要用炸的。

對這樣一位自我控制極為良好的大廚，我不免有 Got You 的快感。我瞭解江振誠和我一樣，文化裡日本料理將蝦頭拿去炸好下酒。有一些熟悉的飲食習慣，不知不覺中，會表現出來。

或者，作為「技藝 Artisan」的這道菜，底層是茄子、中間雞冠、上層三條去骨的鴨舌。大概只有中、法料理吃雞冠，切小丁的雞冠滑、與柔軟的茄子，是法式，但化龍點睛的鴨舌，巧妙的有了台灣／華人特色。高深的技藝讓創新組合驚豔，而且最重要的相搭、好吃。真是「舌尖上的精緻美絕東／西」。

最好看出江振誠文化上的融合與混搭，就屬餐廳前面的那棵橄欖樹，作為一種圖騰，他將溫帶南法的橄欖樹移到熱帶，專人照顧，在月曆上的冬季，還要在橄欖樹的根部埋冰，好讓它有過冬的感覺。

而他的「混搭」，並不在趕潮流與時尚，而是出自創造性的自發，是一種來自內在的必需而非外在的形式，因而能成為廚藝的精髓而不是表相。

《初心》這本書，值得我們仔細的閱讀、認真的深思。而有志在廚藝發展的人，除了學習江振誠孜孜不倦自身努力外，更可以從「初心」中得到如何在世界性的舞台上嶄露頭角的重要法門。台灣，一起來努力吧！

推薦序——2

他的故事，將鼓舞所有有夢的人！

公益平台基金會董事長
嚴長壽

江振誠，就是我口中的「小江」，在台灣可能不是那麼眾人皆知，然而在國際料理界，這卻是一個讓人無法忽視的名字。他做的料理，讓米其林星級主廚驚豔不已；他開的餐廳，幾乎囊括了世界重要的知名獎項；而他歷經磨練一路走來所淬煉而成的人生哲學，更讓所有人刮目相看。

說起我與小江的認識，其實有三個因緣。二十幾年前，我驚覺台灣空有豐沛的美食養份，但廚藝教育卻發生嚴重的斷層，師徒制的沒落，讓很多廚師找不到徒弟，我們的美食文化面臨了凋零的危機。我因此建議當時的教育廳籌辦淡水商工餐飲科，而我當時帶領的亞都麗緻飯店，便負責幕後規劃的工作，由亞都的主管參與安排課程設計，並由我們的夥伴協助設計廚房，甚至推薦專業師資。江振誠，就是當時淡水商工餐飲科的學生。

十幾年前，因為我的結盟飯店盛情邀約，我來到曼谷的五星級飯店Dusit Thani Hotel剛引進的高檔餐廳「D'sens」用餐。那是一次美好的用餐經驗，只是當時我絲毫未覺，小江正是這間餐廳的廚師，他剛從法國回到亞洲，正要跨出他料理地圖很重要的一步。

二〇〇〇年，亞都飯店一手提拔的王曉東總經理參與經營的外灘18號風光落成，我在這裡的「Sens & Bund」才算是正式見到了每個亞都廚房同仁都認識的小江。經歷了法國學藝的磨練，並且能說多國語言，那時的振誠已與過去的實習生小江不可同日而語。當後來的作業穩定以後，法國師傅要放手提升有能力的接班人時，能做能說又有想法的他當然是負責這間餐廳的不二人選。

江振誠跟我有兩個共通點，我們都不太愛讀書，而且都有語言天分。江振誠有他自己與生俱來的創意天賦，雖然有點誤打誤撞進入餐飲科學料理，沒想到這卻成為他釋放無窮靈感與敏銳感官的出口。最重要的是，他立定目標之後專注、認真的態度，勇於面對所有的磨練。

我印象十分深刻，一次在TED.COM的演講，我應邀參加他的演講會，我向其他人介紹這個我所欣賞的年輕人。我跟大家說：「小江曾經在我的亞都麗緻飯店待過一年。」小江後來卻告訴我：「總裁有所不知，我在亞都恐怕待了兩年。因為我下午到晚上在亞都巴黎廳工作，隔天早上我又請求無酬的到點心房見習。」原來他為了讓自己在短時間之內累積更多經驗，分別在我們的巴黎餐廳和點心餐廳打工，把一天當兩天用，所以他曾經在亞都工作了兩年。

把一天當作兩天用，這種一般人所認定的「苦」，江振誠卻樂此不倦地投入其中。如此看來，江振誠的成功絕非偶然，他發掘自己的天賦，而後全心投入，勤奮學習，並且勇於把自己放到更艱難的環境，走出台灣，開拓眼界，增進自己的實力。

我心目中的廚師有幾個層次，第一種是「廚匠」，也就是不會創意，只是跟著既定的食譜燒菜。如果可以了解客人的需求，悉心體察食客的好惡與品味，而且能夠因人而異，配搭出客人的喜好，才能抵達第二個「廚師」的層次。而最高層次則是「廚藝家」，運用自己的創意和美學，把料理提升至一門藝術，讓料理傳遞心中的意念。江振誠正是屬於這種不可多得的優秀廚藝家。

《初心》這本書講的是江振誠的故事，這十年來他的故事常常是我每次到各大餐旅相關學校演講，必定會和台下學生分享的範例。他憑藉自身獨一無二的廚藝天賦，再加上難能可貴的認真和執著，一步一步地築夢踏實，他是台灣青年廚藝界的典範，但更重要的是，當「餐飲廚藝」已漸漸成為青年學子追尋發展夢想的顯學的當下，隱藏在背後像江振誠這樣願意全心投入、不屈不撓走向國際的勇氣與毅力，才真正是台灣年輕人應當努力的方向！

CONTENTS

前言——

兩個畢業典禮

有天晚上，我的私人手機鈴聲響起，「晚安，Chef André 嗎？」電話的另一端，對方以流利的法語打招呼。手機上沒有來電顯示，但知道這支電話號碼的都是一些熟識的朋友。

「是的，晚安。」我習慣性地也轉換成法語回答。此時正在廚房裡準備上菜的我，忙碌到根本沒多餘心思去想話筒另一端到底是誰？

「我想訂位，六個人，今天晚上。」對方很簡潔地說出需求。

「今天晚上？」咦，這口氣很熟悉，是哪個老朋友呢？我一邊指揮出菜，一邊查看外場來客用餐狀況，並且快速翻閱訂位表，「你稍等我一下！」

「喔，可以、可以，正好有一桌空出來！你什麼時候到？」我一邊回答一邊確認前場客人用餐的情況，有桌客人用餐已經快接近尾聲，忙碌讓我一時半刻還想不起電話那端的朋友到底是哪一位。

「三十分鐘後！」

「三十分鐘，OK！請問您的大名？」我準備把客人的名字先登記下來。

「我，Jacques 啊！」電話那端傳來頑皮笑聲。

「Chef！」我驚訝得大叫！「Chef Jacques！你在哪裡？還在法國

嗎？」我的音調忍不住提高起來。

「我剛下飛機，現在在新加坡機場，正要坐車趕到你那裡！」Jacques 笑著掛了電話。

感官花園的兩位主廚 Jacques 和 Laurent 兩兄弟雖然是雙胞胎，個性卻是南轅北轍。哥哥 Jacques 輕鬆幽默，很愛開玩笑，因此我內心仍存著一絲懷疑：是真的嗎？Jacques 真的來新加坡嗎？我實在太驚訝了！

這是在三年前，我回到新加坡經營「JAAN par André」的某一天，突然接到一通意外的訂位電話，就是這通電話，讓我獲得法國料理「出師」最寶貴的肯定！

「要做什麼給他們吃呢？要做什麼、要做什麼？」嘴裡一直叨唸不停，我平日的冷靜瞬間消逝無蹤，這下子換我緊張了！半小時後，他們來了！懷著前所未有的忐忑心情，我做了一套菜給主廚品嘗。

從廚房向餐廳觀望，確定他們用完最後一道餐點之後，我馬上走出去。「Chef，今天吃得還可以嗎？」我強作鎮定地問道。

我仍然清楚記得那時候的感覺。我和 Jacques 已經有很長一段時間沒有見面。事實上，當我仔細回想過去十幾年，他其實從來沒有吃過真正屬於我的菜。以前我所做的，都是他們兄弟兩人的料理，由他負責開菜單，他指定這道菜要搭配什麼，我完全遵命。我對他的料理幾乎倒背如流，他喜歡的東西是什麼，不喜歡的東西是什麼，哪種調味料要特別加重，鹹淡的掌控為何……我可以說是瞭若指掌。如果要做他的料理，一點都難不倒我。

但是我從來沒有在他的面前做屬於我自已的料理，他當然也從未吃過。這是第一次，他所品嘗的，完全是以我的想法做出來的料理——這就像是關乎我能不能從今天開始獨當一面的畢業考！

Jacques 慢條斯理地擦擦嘴，抬頭看看我，這短短一秒鐘，宛如等候了漫長一世紀的宣判。「André，今天晚上的每一道菜，我完全看不到我的影子！」他微笑看著我。

這簡短的一句話，勝過所有榮譽與獎章，是對我最大的肯定！那一

刻，我第一次感覺到自己「畢業了」！

兩年後，我帶著自己最信任的團隊，在新加坡中國城邊的老巷子裡開了「Restaurant ANDRE」——一家完完全全屬於我的夢想中的小餐廳。Restaurant ANDRE 在短短一年內，受到世界各地重量級食評和料理界的重視，各大媒體爭相報導。但在餐廳開幕滿週年的前夕，我還有個未完成的心願，於是我鼓起勇氣撥了一通電話到法國，「Chef，我終於開了自己的餐廳，已經快滿一年了，你們是我最重要的恩師，我想把這意義重大的第一個週年，與你們一同分享！」我邀請了他們兄弟倆，希望他們都能飛到新加坡，參加餐廳的週年慶，一起分享我的喜悅，見證這辛苦的第一年「白手起家」的成果。

他們倆很爽快地答應了，願意特地飛來新加坡，和我們一起慶祝！雙子星主廚兩兄弟的個性極不同，一主內，一主外，他們一直是事業上的最佳拍檔。主內的弟弟 Laurent，幾乎長年待在法國，如果沒有特別重要的邀約，平常絕對不隨便離開法國，作風非常嚴謹，出國任務向來都落在哥哥身上。聽到弟弟也答應要飛到新加坡參加餐廳週年慶，對我而言，真是意義非凡，我幾乎喜極而泣。

這一次，弟弟 Laurent 提前一天與一位助手飛到新加坡。當天晚上，我邀請他們先到餐廳用餐。「Chef，我想做一套菜請你試一下。」

「好！」他答應說。

「不過，Chef，言明在先，我不會做特別的菜。今天晚上給您準備的，跟每一位客人吃的菜一模一樣，希望您不會介意。」

「不會，不會。」他露出少見的輕鬆笑容。

因為我希望能獲得最真實的評價，不願因為特別招待主廚這一桌，忽略對其他用餐客人的服務。我決定把 Chef Laurent 當作到餐廳用餐的一般客人——因為每一位都是我們的 VIP，每一位客人的餐點、服務都一視同仁地重要。

用完餐點，Laurent 問我：「André，今天出的菜，真的是跟其他客人享用的菜色一模一樣嗎？」

「一模一樣！因為先前向您報告過，我希望您能給我真實的意見，所以不想用特別的菜來討好您。」

「倘若如此……而且每個晚上都是像今晚一樣的水準……」Laurent

停頓幾秒看看我，「那我必須恭喜你！現在你做的菜，已經比我做的還要好了！我非常開心，非常驕傲！」他露出難得一見的滿意笑容。

在我的印象中，弟弟 Laurent 很少笑，讚美更是從來沒有從他口中聽過。他是那種極其嚴厲、要求完美的人。一有錯誤，立即斥責，即使肯定你的好，也全部藏在心中。當時在法國餐廳工作，所有的同事都非常怕他。但對我來說，他卻是最親近的導師，也許是因為我們個性相近的緣故吧。

事實上，我是弟弟 Laurent 一手調教出來的，當年我跟在他身邊，亦步亦趨地學習廚房裡的每一件事和餐桌上的每一個細節。相較於哥哥，我可以說是弟弟 Laurent 訓練出來的「殺手」，他是我在法國習藝真正的師傅，對我的影響非常深遠。因此這一席話對我來說真是意義非凡，如果先前哥哥的來訪像模擬考，那麼這次被 Laurent 認同的喜悅更不是文字所能形容，這應該就是所謂的畢業考吧！

這兩次不同的畢業典禮，讓我感覺到自己真正「長大成人」，或者可以這麼說：「我畢業了！」

Pre dessert
Raisin "New Prône" glacé au vin
fleur d'amarante / fleur de sel

fleur d'amarante
Raisin glacé
Sel Malde

au de Basilic (option)

st. jacques
cockscomb,
piquillos
petit pois
couteaux
chorizo
lapin
ecrevisse
chips de paella

" generosity, colorful, creative is the word for south, and that's also what this dish stands for "

Andre Chiang

前所未有的華麗盛宴

Restaurant ANDRE 的週年慶前夕，我突然冒出一個瘋狂的想法，「既然兩位恩師要來，我們三個人何不來辦一場美食饗宴？」

我把這個靈感告訴兩位恩師，「我們三個人一起合作一套菜，一個人負責八道，連續三天，邀請特別的客人來參加這場華麗的美食饗宴！」

老實說，這點子其實有點瘋狂。但沒想到他們欣然同意，隨即在當天就把菜單寄給我。

後來弟弟 Laurent 在品嘗我的料理之後，對我賦予高度肯定，於是決定要更換之前所決定的菜單，更改後的料理從內容來看幾乎是精銳盡出，難度和細膩度明顯大幅增加。哥哥 Jacques 由弟弟 Laurent 口中得知我在這九年之間進步神速且青出於藍後，也提出一些更換菜單的想法，最後三個人商量的結果是，「全部換菜好了！」

兩兄弟的態度嚴肅專注，讓我打從心裡覺得這回是玩真的！最後大家決定一個人做八道菜。兩兄弟重新開出的菜單，全是壓箱寶的著名料理。原本一組套餐是八道菜，但我們決定把三個人的三套菜當成一個組合。也就是說，那三天受招待的客人，每人都可以品嘗二十四道名廚的拿手佳餚，道道都是不可多得的經典！

那真是最最過癮的時刻！我們依照各自菜單開始安排，因為三個人彼此都很熟，誰先出菜，誰接棒，一道道美味佳餚就這麼啪啪啪地端上桌，美妙順暢得如同優美的華爾滋。連續三晚，我們三個人一共為大家帶來七十二道截然不同、各具特色的料理，每一個前來赴宴的客人都為這「六手聯彈」而驚豔不已。

我心中洋溢著滿滿的喜悅、感激與驕傲！我有一間餐廳，我讓老師親眼見證這十幾年來我的努力成果。闊別多年，我和兩位恩師現在居然可以在同個屋簷、同間廚房裡做菜，那股緊張、興奮和感動，彷彿將十幾年前那段汗水與淚水交織而成的燦爛時光，再度召喚到我的眼前。

就在那一刻，我才覺得，終於可以毫不壓抑地做真正的自己了！

Chapter —— 1

餐桌。

餐桌上的美味關係

我們全家人聚在一起的美妙時刻，都在餐桌上。美味的料理，就是把我們一家人連繫在一起，最重要的媒介。

印象中，每次到了吃飯時間，餐桌上總是堆滿一道道菜餚。媽媽會針對每個人的喜好和口味，烹調出不一樣的菜色，滿足飯桌上的每一張嘴。一頓飯，五個人，端上桌的，雞、豬、牛、羊、魚蝦貝類，蒸煮炒炸，湯湯水水應有盡有。別人家是四菜一湯，我家應該是八菜一鹹湯一甜湯吧！記憶裡的那張餐桌，擺的幾乎都是大魚大肉，感覺像永遠都吃不完的滿漢流水席。

我家有五個人，爸爸、媽媽，姐姐、哥哥，我排行老么。一般家庭也許是媽媽炒什麼菜，大家就吃什麼。但是我們家的狀況和一般家庭不太一樣。哥哥、姐姐還有爸爸都是「挑食」一族，哥哥無肉不歡，不吃青菜和魚，碗裡除了白米飯，往往只有肉——牛肉、羊肉，就是要大塊大塊的肉才對他的胃。姐姐則偏愛吃雞肉；爸爸喜歡喝湯。相較之下，我是屬於比較不偏食的小孩，魚和蔬菜都是我的最愛，口味和媽媽喜歡的食物也很接近。我們一家五口吃飯，各有喜歡和不喜歡的口味，因此要滿足大家的味蕾，對料理三餐的媽媽來說可是一大挑戰。

因此從我有味覺記憶開始，對於餐桌上擺滿各色菜餚這件事，並不認為有什麼特別，總以為每個家庭吃飯應該都是這個模樣。直到自己有次到朋友家玩耍，朋友的父母好意邀請我留在他家吃飯，「天色已經晚了，江同學，吃完飯再回家吧。」這次在朋友家的用餐經驗讓我發現到，原來並不是每個家庭的餐桌菜色都是那麼豐盛。

我並不是個挑食的人，但嘗過朋友家的飯菜，我開始對料理「好不好吃」有了概念。那天當場當然不好意思說，直到晚上回家，沒有得到滿足的胃似乎開始想念起「媽媽的味道」。我告訴媽媽，「今天在朋友家吃飯，他家的菜，我實在吃不習慣。」

這件事讓我印象深刻，但直到年紀稍長，我才真正體會到自己家裡吃飯的情形，真的跟別人很不一樣。也慢慢對食物有了不同的感覺——原來只要一桌子的美味佳餚，就可以令人感到無比滿足的幸福！

媽媽的料理中，我特別喜歡吃她親手做的「辣椒醃魚」。這道有濃濃「媽媽味」的醃菜，做法是先把魚一塊塊切斷，用調味料醃漬後下鍋油炸，之後再用辣椒醬拌煮入味。媽媽的獨門秘方就是辣椒醬，並非從外面買現成的，而是自己用手工調製而成。

小火醬煮魚塊入味後，先起鍋放涼，才放入醃罐。這道醃菜看似家常，製作起來卻很費工，需要有相當的耐心。成品出爐，一塊塊略帶焦黃的魚肉，潤漬了暗紅的辣椒醬汁，香辣中帶著一股鹹漬酥香的樸實滋味，配飯或拌麵，總讓我一口接一口幾乎停不下來。

一直以來，我因為工作跑遍世界各地，不論是法國、日本、上海，甚至在印度洋上的小島，或是現在落腳的新加坡，媽媽一定都會為我準備這道辣椒醃魚，寬慰我的思鄉之情。媽媽做的這道辣椒醃魚就是我永遠的鄉愁吧，不管走到哪裡，都牽引著我濃濃的思念。

除了家裡的料理，媽媽做給小孩的便當更是和別人不一樣。也因此從上幼稚園開始，一直到國小、國中，中午的吃飯時間總是我最期待的時光。同學們多半貪圖方便，在學校訂營養午餐。少部分的人則會帶家裡做好的冷便當，上學送到學校廚房蒸熱吃。

我總是班上唯一的例外。媽媽從不讓我們家的小孩帶冷便當上學，她總是自己親手現做便當。她看準時間現炒、現盛，每日準備不同的菜色，再將熱騰騰的料理放進便當盒，而且是飯菜分離，加上湯、冷菜和水果，通常都需要用到四、五個盒子。然後再騎摩托車把便當載送到學校門口，讓我們家三個小孩能在午餐時刻，享用到「廚房直送」最新鮮美味的現做熱便當。

便當盒裡的飯是剛煮好的，菜是現炒現煮剛起鍋的，完全跟餐廳大廚剛炒出來的一樣鮮美。三個小孩中，媽媽替我準備的便當永遠都是比姐姐、哥哥更多、更大的兩大組合便當，一個便當盒大約又是一般學生便當盒的兩倍高，兩個便當盒盛裝的飯菜，大概就是三人食用的學生午餐份量。

同學於是笑稱我是「便當王」、「大胃王」，剛開始我常向媽媽抱怨，「可不可以不要帶這麼多菜，根本吃不完！」

媽媽總是笑著回答我，「你吃不完沒

關係啊，可以跟其他同學分著吃。」她這麼教我，如果看到哪位同學的便當菜色不是那麼好，或是份量沒有那麼多，就可以帶著便當和那位同學一起分享便當裡的菜。

媽媽替我準備的便當，至少都有三菜一湯，甚至是四道菜，外加一隻雞腿，非常豐富！所以從小在吃的方面，我從來沒有羨慕過別人，我甚至很得意，在口腹的滿足感上，我始終比許多人都來得幸福。

媽媽對飲食的重視，也影響了我對「吃」這件事的看法。媽媽不喜歡我們外食，因為出門在外多半會屈就時間、金錢或習慣，不按時吃、偏食、吃得不均衡，結果一定吃不好又不健康。

即使我們有時回家已經超過吃飯時間，準備將就泡個速食麵吃，媽媽都堅持親自煮那碗泡麵，她的理由是，「只吃泡麵，太不健康了！」媽媽煮的泡麵，一定會加肉片、蛋，以及很多很多的蔬菜、蒜油和蔥花。即使只是一碗小小的泡麵，她仍然堅持要煮得很豐富。她毫不妥協對我們三申五令，「絕對不准只用熱水泡麵吃！」

我們家有許多不成文的食物禁令：絕對不准亂吃東西，絕對不能吃不營養的東西。媽媽也不讓我們吃蒸的便當、冷的食物，總之，「吃的東西，絕對不能隨便」這句話，幾乎已成為我們家餐桌上的口頭禪。

除了「吃，不能隨便」之外，媽媽從小還灌輸我的另一個觀念是「做菜，也不能隨隨便便」。她以身作則，吃飯講究飲食均衡，只要在家用餐，媽媽都會盡力準備各式各樣的菜色，有菜也有肉，有清淡的也有重口味的。也因為這樣，在家裡用餐常常比在餐廳吃還來得豐盛。

從小在這樣的環境中長大，自然深植了「料理是一種分享」的印象，而這也形成往後我對食物、料理的高標準要求。我想，我對吃的堅持，應該從小時候就被潛移默化了吧。藉著食物，媽媽傳遞對家人的關愛照護，也悄悄在我心中，播下對料理無盡熱忱的種子！

「餐桌」在我的生活裡扮演舉足輕重的角色。小時候，餐桌是渴望可以被滿足的地方；直到二十歲離家獨自到法國學藝，我慢慢體會媽媽的用心，更深刻了解到餐桌上的美味時光，也是人生中最美妙的分享時光。

媽媽的料理啟蒙課

小時候，我們幾乎每個禮拜都會上一次川菜館。我們家有個奇怪的習慣，每次去餐廳，一定都會點相同的菜色：清炒蝦仁、宮保魷魚、炒鱔糊……只要我們一坐上桌，不需多說，餐廳裡熟識的領班阿姨馬上就自動替我們開出菜單。

媽媽的想法是這樣的：「到新餐廳嘗試新的菜色，萬一不好吃，不但白花了錢，還讓人生氣，影響食慾。」套句她常說的話，不好吃的菜，簡直就是「浪費我的卡路里」。因此久而久之，上固定館子、吃固定菜色的奇特習慣，變成當年我們家外食的「傳統」。因為媽媽對飲食這件事的看重，我們鮮少光顧陌生的餐廳。如果真要到新餐廳吃飯，我和哥哥、姐姐總會率先跑去「試吃」，確認味道還不錯，可以過關，才會安心帶媽媽前往。否則萬一媽媽對餐點的印象不佳，結果可是很麻煩的。

直到現在，只要到了休假日的中午，我和太太也沿襲這個從小養成的「習慣」，外出到固定餐廳用餐，點同樣的餐點。也許對我來說，固定到習慣的餐廳，吃習慣的美味料理，就是生活裡一種無可取代的安心吧！

回顧那段時光，幾次「外食」的經驗，往往變成媽媽與我的味蕾探索之旅。透過美食的交流，媽媽和我在餐桌上培養出濃厚的感情。平常我和媽媽不一定有機會聊天，但如果在外面餐館用餐，媽媽終於得以空閒，便會和我展開關於食物的討論。

「媽，以前我們沒有吃過這一道菜，還不錯耶！」

「你覺得裡面有什麼東西？」媽媽會接著問我。

「蔥、蒜……嗯，我還嚐到一點香菜的味道！喔，還有白胡椒，一點點辣椒。」閉上眼，我啟動舌尖上的味蕾，嗅覺雷達開始敏感地搜索著。「喔，我還吃到了醬油，啊，還有薑片！」

媽媽的眼睛總是變成一彎星月，溫柔對著我微笑：「下次我們自己來做做看！」從我還沒進餐飲學校，我們母子兩人就時常在飯桌上展開有趣的「美食猜謎」。媽媽甚至還喜歡把外面吃到的好料根據個人品味加以改良，因此江家餐桌總是不乏驚喜，我們時常可以品嘗到媽媽的改良版新菜！

或許是媽媽知道我對料理充滿興趣，加上我的個性細心，對小細節尤其謹慎，我和媽媽之間很自然地多了許多關於食物的話題。現在回想起來，媽媽好像透過每一次用餐經驗，慢慢地訓練我。對一個廚師而言，味覺何其重要，而媽媽每次的「美食猜謎」，不只充滿對兒子的關愛，更表示了她對我的了解與支持。

除了「美食猜謎」，媽媽也教我仔細去體會每一口食物入口的感覺。我跟媽媽到餐廳吃飯，她不曉得是刻意或無意，常常在我吃完之後，要求我說出自己對這道菜的感覺。如果我說：「我很喜歡這個味道。」媽媽回家後就會依樣畫葫蘆，做出我喜歡的那個味道。如果我說，「還不錯，但我更喜歡蒜頭多一點，炸得酥一些！」媽媽就會依照我所描述的，重新改良調配，然後做出我心目中這道菜應該要有的味道。

「料理課」可沒那麼簡單就結束。把菜吃完後，媽媽會公布她獨家的改良秘方，「我學了這道菜，但多加了這個，再加了那個……」或是「我認為拿掉薑，加上醬油，一定會更好吃。」媽媽興致勃勃地說完，總不忘再補上一句，「過兩天，媽再做一次給你吃，嚐嚐不一樣的味道。」我永遠記得媽媽在談論這些美食的話題時，眼睛裡閃耀的光芒，比夜空中的星光還要燦爛。

廚房既然是媽媽的實驗室，我們自然而然成為最有口福的「白老鼠」。過兩天，媽媽總會實現承諾，把菜餚重新再做一遍。一道老菜經過她的巧手，宛如變魔術一般，瞬間變成升級版佳餚！

其實媽媽當時的心意是這樣的，「如何把一道菜，變成讓三個小孩都喜歡的模樣？」她運用自己對食物的充沛知識，這裡加加，那裡減減，經過一次次試驗調整，最終烹調出我們家人最喜歡的味道。

現在我以專業廚師的身分回首這段過程，才恍然驚覺媽媽的用心良苦，她對飲食和家人的用心，已經超過魔術師的幻覺把戲，她是用料理來讀一個人的心。料理，就是媽媽充滿愛的讀心術。而我就在這樣的訓練之下，自然而然、無比愉悅地開啟美食感官。

年紀更長以後，媽媽對我的要求又更高一些了。每當全家出去吃飯，她會率先提問，「這道菜裡面有什麼？」

我會回答，「嗯，我吃到蒜頭的味道，還吃到薑的味道。」

媽媽於是再問，「那這道菜裡的蒜頭和薑，又是用什麼方式料理的？」「蒜頭先爆香，薑醃過後再炒。」我充滿自信地回答。看似輕鬆的一問一答，對我來說卻像經歷了一次又一次的美食隨堂測驗。

她之後會揭開謎底，這道菜裡其實多加了某種特殊的調味香料，或是經過某種特別的烹飪技巧，才會產生如此與眾不同的滋味。這個「吃中學」的歷程，讓我對食物與料理的興趣越來越濃厚，敏銳度也越來越高。

如此反覆再三，逐漸變成我和母親的共同興趣。剛開始像師生之間的教導與學習。之後進步為兩個志同道合的人相互切磋較勁。我們用心品嘗，彼此交流美味的悸動，再挖掘每一道奧妙料理的深刻秘密。當我對食物的了解越來越多，我會搶著表功，說出連媽媽都猜不出的食材或是做法，這種小小的勝利與得意感，也逐漸讓我對食物培養出更豐沛的自信！

於是，我開始對「食物」有了不同的感覺。食物並不簡單，食物不只是一種滿足口腹之慾的生活必需品。對我而言，**食物，不僅是「食的**

物」，還充滿深奧且迷人的學問。而料理，也不是把食材煮熟，或用花稍高超的技巧，最重要的是在其中投注的感性，唯有「用心做菜」，才可以讓吃飯的人感受到你的心意。

不容妥協的完美主義

我還小的時候，有段時間，媽媽在日本的中國餐廳工作，這段期間她幾乎是「空中飛人」，台灣、日本兩地跑，非常辛苦。那時爺爺、奶奶住在台北石牌，離我們在士林的家不遠。也因為如此，我兒時的部分時光是跟著爺爺、奶奶住。

爺爺接受日本教育，會說日文，是一個高學歷的知識分子。在長輩口中的「日本時代」，爺爺是一位很有名望的醫生，社會地位崇高。也因為如此，爺爺、奶奶的家庭教育特別重視規矩。奶奶經常掛在嘴邊的一句話就是：「什麼東西攏不能青菜（隨便）！」

中國人講究禮節，行止有分，長輩可以不拘小節，但是身為晚輩的我，就是不能貿然伸手和長輩「勾肩搭背」。這個對傳統堅持的分際，是我從爺爺、奶奶家耳濡目染的嚴格「家教」。

爺爺、奶奶家雖然很熱鬧，但爺爺很有威嚴，奶奶年紀也大，因此我和他們深入聊天的機會並不多，而隔代教養的生活環境，也讓我比一般同齡小孩更加早熟，懂得學習獨立自主。

爺爺、奶奶共有五個小孩，是個人丁興旺的大家庭。爸爸排行老大，他有三個弟弟，一個妹妹。逢年過節，伯伯、叔叔、姑姑、嬸嬸，加上各家小孩全員到齊，整個家族聚在一起，光吃飯就要開好幾桌，非常熱鬧！在爺爺、奶奶家吃飯，是非常難忘的經驗。用餐時間快到了，爸爸和叔叔們唯一的「工作」就是看電視，陪爺爺聊天。煮飯做菜完全是太太們的事，所有媳婦女眷全都在廚房裡忙碌著，「君子遠庖廚」的場景，在這裡得到了充分的印證。

飯菜煮好，準備端上桌。這時候，輩分小的人就要負責招呼大家吃飯。寬闊的飯廳裡，擺了兩張大圓桌，爺爺一定是第一個上主桌、坐大位的男主人，等到爺爺坐定，其他人再依照輩分順序一一就坐。規矩是男人一桌，女眷一桌，小孩則沒有資格上桌。大人開始吃飯後，媽媽們會幫小孩把飯菜夾好，然後讓他們端著飯碗坐在電視機前面吃。我很小的時候，就在爺爺、奶奶家品嘗過「電視餐」的滋味。

得要等到大人吃完飯、離開飯桌，沒吃飽的小孩才有資格上桌吃飯。爺爺、奶奶家的團圓聚餐，都得按照這個規矩來，沒有例外。即使過年打麻將，也不能壞了規矩。上牌桌的順序一定是大伯、二叔、三叔優先，輩分小的得等大人坐定才能上場。四四方方的一張麻將桌，每個位置都必須按照輩分大小順序來坐。更嚴格的是，只有男人可以上桌打牌，太太們必須乖乖安分地坐在自己的先生後面。

聽著牌桌上「沙沙沙」廝殺聲不絕的「方城之戰」，太太們只有坐壁上觀的分。這個場景，現在看起來會覺得不可思議，讓人難以想像，對我卻造成深遠的影響。

譬如對曾經啟蒙我的主廚，不管我們感情多麼熟絡，只要見到面或者提及他們的名字，我仍然是恭恭敬敬地稱呼他們「Chef」。即使他們

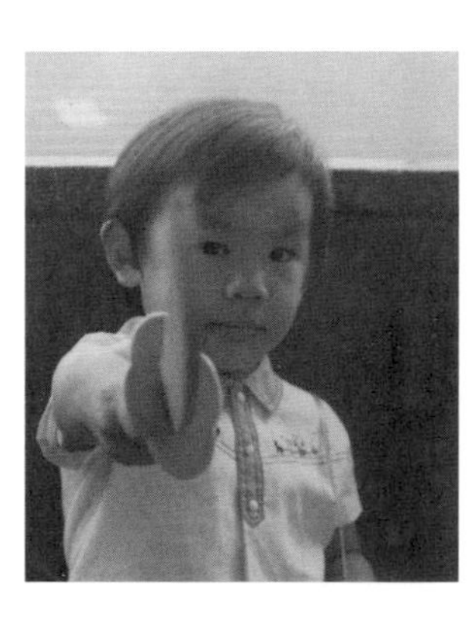

拍著我肩膀說，「嘿，我們已經很熟了！」或讚美我，「André，你的餐廳已經做得比我的好，不要客套，叫我的名字就行了！」

但是烙印在我腦海裡的是「Chef永遠是Chef」，就像中國人所說「一日為師，終身為父」的觀念，不管我和主廚有多熟稔，感情多親密，或是我已經小有成就，天地萬物運行不止，然而有些事情就是必須按著規矩來。人與人，人與事，人與物，永遠存在著一道不可輕易跨過的界線。

儘管我們家不像大部分家庭一樣，天天有機會聚在一起，我還是很慶幸自己有一位好姐姐、好哥哥。姐姐是家裡的長女，跟我差七歲。哥哥則大我六歲，我和他們兩人歲數差得頗多，我早熟的性格，也許與姐姐、哥哥年齡的差距有關係。因為他們都在我之前，先做過調皮搗蛋的「壞事」，我得以提早見識到不聽話的「後果」，提早得到「教訓」。

他們調皮搗蛋的事可說有一籮筐！有次餐桌擺著一瓶飲料，我問媽媽：「這是什麼東西啊？」媽媽嚴厲地說：「這是酒。聽著，這是大人的飲料，你們幾個不要給我亂動，不准偷喝，知道嗎?!」

我是家裡的乖寶寶，媽媽說什麼我都會聽。可是哥哥就不那麼安分了，媽前腳一走，他馬上把手伸向酒瓶。「哥！媽剛才說，不能亂動，不能偷喝！」我著急地提出警告。

「媽又沒有看到！」哥話一說完，馬上猛地把酒瓶拿起來往嘴裡「咕嚕咕嚕」灌，我連阻止都來不及。

媽媽聽到聲音，回頭正巧撞見這一幕，人贓俱獲。「完蛋了！」我心想。只見媽一個箭步上前，立刻抓起哥的手臂，「你這小孩怎麼這樣大膽，酒也敢給我拿來偷喝！」「啪」的一聲，媽一巴掌就往哥哥的屁股搧了過去。「喔，好痛啊！」

哥哥、姐姐兩人的年齡只差一歲，有時候他們一言不合還會打起來，我坐在旁邊觀看，常常覺得他們兩個人很奇怪，百般無聊的話題也可以吵得這麼厲害。但是老實說，看他們打架其實還滿有趣的。最後的結局，通常都不好玩，因為一旦驚動到爸媽，最後兩人不是被罰站就是挨棍子打，下場都不是很好。

這些「慘烈事蹟」在我眼前一一發生，所以從小我就知道，「喔，這東西是不能碰的，否則下場就是這樣。」根據哥哥、姐姐的「前車之鑑」，讓原本個性就比較謹慎的我，早先明白事情「做對」與「做錯」產生的後果，也因此不會輕易重蹈覆轍。

姐姐和哥哥也曾不滿地抱怨，「江振誠，你這個人很奇怪耶，都不會做錯事！」但我從小就是這種個性，我心裡總覺得他們兩個人好傻啊，明明大人已經提出警告，自己為什麼愛招惹麻煩呢？

老實說我心裡也曾這樣想，他們應該是比較正常的小孩吧！小孩子不懂事，難免會好奇想嘗試。但根據哥哥、姐姐「身先士卒」的經驗，我發現自己不需再「犯錯」，因為有人早一步先幫我測試後果了。這樣的成長環境深深影響了我，養成我不容許自己輕易犯錯的性格。

我的個性可以說比一般孩子早熟，自制性高，很少耍任性，也從來不會羨慕別人。**小時候不習慣犯錯，現在如果遇到問題，我的第一個反**

應就是「馬上解決」，不容許犯錯的可能。朋友有時候受不了會開玩笑，「噯，你很麻煩！」的確，我是個十足的完美主義者，對於錯誤，特別是專業領域上的錯誤，我絲毫不容許任何妥協的空間。

因為要求自己不能犯錯，追求完美，所以踏進料理領域這一路以來，尤其是在法國七、八年期間，我下意識「絕不准自己喊累，不准說辛苦」。每當體力耗盡、身心疲乏時，心裡馬上會跳出一個嚴厲的聲音：「André，你沒有資格放棄！半途而廢，是一種懦弱的行為！」我告訴自己，這些辛苦都只是一段過程，「一定可以挺過，堅持下去，絕不能認輸！」這麼一想，牙一咬，所有的辛酸汗淚都在吞入喉嚨那一刻，化作了鼓勵自己再往前進的力量。

難以忘懷的夜市滋味

我的童年和青少年，除了家裡的餐桌及外面的餐廳，有很長一段時光就是在夜市的食物香味中得到滋長。

放學後或打工下班，我往往不會直接回家，總是提早在劍潭下車，來一趟「夜市巡禮」。一定要到夜市轉過一圈之後，才會心甘情願走回家，這個習慣我一直無法「戒」掉。即使現在回台灣，只要回到士林家過夜，晚上一有空，我就會跟媽媽說，「我到夜市去散散步！」

逛士林夜市最大的目的，或者該說最大的享受，就是「吃」！我幾乎來者不拒，什麼都喜歡吃，知名的珍珠奶茶、蚵仔煎、豪大大雞排、鹽酥雞、東山鴨頭、大餅包小餅、大腸包小腸、夜市牛排、魷魚花枝羹、鐵板燒、士林香腸、鹽水雞、加熱滷味、烤肉串、烤玉米、麻辣臭豆腐、天婦羅……雙腿逛到哪，我的嘴就吃到哪。夜市裡每攤小吃我都如數家珍，回家前痛痛快快吃一輪飽足是一定要的，有時當場吃不過癮，還會打包帶回家。

碰到哥哥在的時候，我們倆簡直就成了士林小吃「無敵雙人組」。由於他長期練習游泳和單車，身材結實壯碩，曬得黑黑的，屬於陽光型運動家的體格。運動量大的他，很能吃；而我，很愛吃。只要我們兄弟倆一起逛夜市，就是從夜市街頭的第一攤開始一路吃到夜市街尾最後一攤，一直吃到肚皮鼓脹快撐破，沒有空間裝任何東西了，兩人才摸摸肚皮、意猶未盡地喊，「明天擱再來！」

現在被外國觀光客列為來台必「吃」朝聖地標的士林夜市，以前是士林的庶民小吃「灶腳（廚房）」。那時候，士林夜市範圍主要在文林路、基河路、大東路間三角區域，主要的「美食大廳」是一座由鐵皮搭出來的大棚，鐵皮棚下一攤攤滾著熱氣、炸出油香，或是紅綠搭配的美食相互競豔。腳剛踩進來，馬上可以感受到「人聲鼎沸」的興奮感，鼻子更直接被香味勾著走，這也想吃，那也想買，慾望全都被挑逗起來。

但是，士林夜市更好玩的地方，其實是夜市巷道裡的迷人風景。小小窄窄的巷子裡面，有賣衣服、生活用品，還有最流行的創意商品，不管是夜市版、山寨版，都讓人看得眼花撩亂。

巷弄裡的美食更是毫不遜色，一輛輛單人可以推動的靈巧活動餐車，

擺陣出來的美食，吃的、喝的，冰的、炸的、烤的、蒸的、甜的、鹹的……南北風味五花八門，什麼都有，什麼都很便宜，令人無法抗拒。

但是如今的士林夜市已經不復當年榮景，原來的夜市舊址遷了又遷，型態一改再改，當年的「Night Market」早已不再是「Market」，取而代之的是地下街裡的「food court」，老店的燈一間間熄了，令人不勝唏噓。儘管它已經是世界公認的觀光景點，然而每天仍有警察來掃蕩攤販，這是讓我這個在士林長大的在地小孩永遠也搞不懂的。

台灣的夜市，很能令人放鬆。攤販叫賣的吆喝聲、空氣中陣陣層疊的食物香氣、窄窄巷道裡摩肩擦踵的人們……它不僅是兒時快樂的記憶，更鮮活呈現台灣庶民豐富、活力十足的飲食生活文化。

在這裡，可以討價還價，可以聊天不買，可以同坐一條板凳隨性和陌生人一起吃美食，台灣特有的「人情」文化，在夜市裡充分展現出來。這和外國那種井然有序的市集，又是截然不同的感覺。

儘管現在士林夜市的風貌已經和我小時候不太一樣，巷子裡的攤販少了，外國觀光客多了，但只有走進台灣夜市，那股活力與自在特殊氛圍，才會讓我這個「台灣遊子」，有真正「回家」的感覺。

莫・忘・初・心

● 食物，充滿深奧且迷人的學問。而料理，最重要的是在其中投注的感性，唯有「用心做菜」，才可以讓吃飯的人感受到你的心意。

● 餐桌是渴望可以被滿足的地方；直到二十歲離家獨自到法國學藝，我慢慢體會媽媽的用心，更深刻了解到餐桌上的美味時光，也是人生中最美妙的分享時光。

● 小時候不習慣犯錯，現在如果遇到問題，我的第一個反應就是「馬上解決」，不容許犯錯的可能。

● 辛苦只是一段過程，牙一咬，所有的辛酸汗淚都在吞入喉嚨那一刻，化作了鼓勵自己再往前進的力量。

Chapter —— 2

料理，初相遇。

美麗的機緣

對我來說，餐飲只是一個興趣，我喜歡吃美食，原因是媽媽喜歡煮，而且煮的東西很好吃，讓我從小就感受到「吃東西是件快樂的事」。但這份快樂的喜好，還沒有熱切到一定要唸餐飲學校不可。

人生的變化何其微妙，我現在是個廚師，但當時站在人生未來志向的十字路口時，卻從未把「餐飲」當作一個可能的選項。

讀國中時，我的成績並不是很好，因此畢業後，我沒報考普通高中，而是直接報考高職學校。我從小就對語言學習很感興趣，除了英文，日文和廣東話也多有觸及。因此我的志願表上，除了當時熱門的電子科、資料處理科，我也加上了商用英文科的選項。

聯考成績放榜，我考上了育達商職的商用英文科。然而我心中仍然有個念念不忘的「美術夢」——小時候，常常在姐姐身邊跟前跟後，她很喜歡隨手記錄心情點滴，除了文字，還會加上豐富的插圖，看在我眼裡，就像一本有趣又精采的圖畫書。小小年紀的我，每當翻開姐姐的筆記本，總是眼界大開，無論畫漫畫或寫字，姐姐都很有一套，一般人寫字可能只是四四方方地局限在格子裡，但姐姐筆下的字，就像在唱歌、跳舞一樣充滿形態與表情，彷彿有了生命，躍然紙上。

姐姐後來選讀美工科，精進自己的藝術造詣。或許是受到姐姐耳濡目染的影響吧，舉凡她讀過的美術相關書籍、練習用的素描本，我都會拿來反覆看過。加上自己對畫畫也充滿興趣，心生嚮往之餘，我在心中暗暗立下志願，「我也要跟姐姐一樣考美工科，精進美術！」

除了語言，什麼是我的一技之長呢？老實說，當時心裡沒有具體的想法，只知道自己喜歡畫畫。「這或許就是我的一技之長吧？」內心湧出了這樣的聲音。當時的復興高中美工科是美術愛好者的第一志願，它採獨立招生，除了考學科，另外還要加考素描和水彩兩個術科，兩項分數加總，合格才能入學。應試者必須要有美術底子，當然學科成績也不能太差。有些人為了術科考試，還特別另請家教或到美術補習班惡補，競爭非常激烈。雖然我沒特別學過美術，只是純粹喜歡畫畫，但即使如此，仍然想去試試看。

第一關的學科考試，我很順利地通過，並取得術科考試的資格。術科應試當天，我素描一雙 ALL STAR 球鞋。終於等到放榜，沒想到術科考試也過關了，我順利考上復興美工！

與此同時，我還另外參加了省立高職的聯合考試，應試者憑著成績「排隊」申請學校，分數高的優先選系。我當時的分數並不是很高，本想就此放棄選讀省立高職的機會。但嬸嬸鼓勵我還是去試試看，說不定有機會錄取省立淡水商工。

就讀國中那段青澀歲月，我就是在淡水度過的，因此對淡水特別有著深厚的情感。當時還沒有捷運，遊客不多，小鎮洋溢著濃濃的古樸人情。寬廣的淡水河，流動著和緩明亮的水光，讓人有種輕鬆悠閒的感覺。

淡水商工是當時名氣最響亮、科系最多的高職，同時也是淡水地區唯一一所公立高職。學校的環境優美，背倚大屯山，面向觀音山，遠眺可以看到悠遠流長的淡水河風光。在這樣的環境學習，我當然求之不得啊！於是我便聽從嬸嬸的建議報考淡水商工。當時我並不知道，選填科系那天，竟然是扭轉我的人生一個重要的日子！

那一天早上八點不到，嬸嬸便帶我抵達淡水商工。校園裡已經擠滿人潮，幾個熱門科系的報名桌前更是大排長龍，比參加聯考的競爭還激烈。除此之外，淡水商工在那年新增了幾個科系，因此把入學的分數拉高許多。看到這股「盛況」，再加上提高入學門檻，我沒什麼信心，心想自己大概沒什麼希望了。

選填志願的方式是這樣的，大家一起排隊，分數高的優先撕榜，如果心中理想科系的名額滿了，就要趕緊換另一個科系。我忐忑不安，跟著人群排隊，一看哪個科系比較有希望，就趕緊「卡位」。然而眼看前面隊伍一直有人插進來，無奈的我只好跟著人龍退、退、退，心裡的希望也漸漸破滅……很快地，幾個原本認為較有希望的科系全數額滿了，氣氛越來越緊張。最後，只剩下餐飲科和園藝科兩個科系還有名額。

那一年，台灣的餐飲教育才剛起步，餐飲科在當時並不是很普及的科系，所以填選的人並不多。「到底要排哪一科呢？」我心中猶豫不決。「沒關係啦，你趕快去排，先入學再說，如果不喜歡再轉系！」嬸嬸這麼建議我。

我繼之又想：「園藝科不知道要做些什麼？種樹嗎？唉，我一竅不通啊！」想著想著，雙腳便自然而然地往餐飲科的隊伍移動。到了最後的緊要關頭，餐飲科也突然熱門起來，湧入了排隊人潮。「完蛋了，應該沒有我的分……」

此時，招生老師計算最後的名額，「一、二、三……對，同學，就是你，到你為止！」老師指著我的那一刻，我的心緊張得跳個不停，「啊，點到我了！」我看到老師露出微笑，彷彿幸運之神的喝采，那幅景象至今仍清晰烙印在我的腦海裡。那一年，我是全校倒數第三個進入淡水商工的學生。

於是，我有了三個選項：省立淡水商工餐飲科，私立育達商用英文科，或者是私立復興美工。我到底應該選擇哪一條路呢？爸爸在此時表示了他的意見，「你姐姐唸美工科，但你一個大男生，應該找一個比較實用的技能來學習！」做生意的爸爸想法實際，他認為學美術需要花很多錢，就拿學費來說，很可能是公立學校的十倍之多，但畢業後卻不一定有什麼成就，甚至連找到一份好工作都很難。

爸爸的一番話讓我重新思考，「如果家中經濟能力無法負擔我學習美術，那我就去選擇高職，一來至少是公立學校，二來餐飲對我而言應該不會太難，就決定去唸淡水商工餐飲科吧！」並非刻意安排，就這樣有點誤打誤撞地進入了餐飲學校，現在回想起來，這或許是我人生中所遇見的第一個美麗機緣。當時並不曉得，這一個小小的決定，卻是我在料理之路上最重要的起點。

小小實習生

我的高中生涯就在淡水商工餐飲科展開，如今回想起來，那真是一段充滿驚奇與無限可能的青春歲月！

一年級的課程著重在基礎教育，什麼都要學，並未細分中餐、西餐的類項。然而透過這一年的通才學習，學生可以找出個人專長與喜好，老師也能經由這段時間的觀察，幫助學生找到最合適的發展方向。我的功課普普通通，倒是結識了另外兩位好同學，三個人因為喜歡打籃球、開玩笑，整日嘻嘻哈哈，博得「嘻哈三人組」的稱號，成為學校的風雲人物。

學校遠在淡水的山腰，包括我以及大部分的同學都是坐校車上學。校車非常準時，萬一錯過，就必須自己搭公車。偏偏公車班次又很少，時間難以掌握，而且還必須轉車。所以一旦沒搭上校車，上課鐵定遲到。

那時候我住在石牌的奶奶家，要是自己從石牌搭車，沿路必須經過北投、關渡才能到淡水市區，然後再轉搭計程車，千里迢迢才能抵達學校。也就是說，一旦遲到，勢必會惹來一連串的麻煩：要花時間，要花計程車錢，還要被糾察隊留下不良紀錄。

我一向都是循規蹈矩的好學生，但馬有失蹄，有一次不小心錯過校車。其實本來可以硬著頭皮走進校門就好。但是那一次不知為何，一早起來心中就煩悶不已，又碰上錯過校車的倒楣事，突然想起先前有位同學說學校周邊有處矮牆，不如爬牆溜進去上課，就沒人發現我遲到啦！

其實「偷雞摸狗」本來就不是我的風格，但那次不知為何心存僥倖，「爬一次試試看，不會就那麼倒楣被抓吧！」結果人算不如天算，老天爺要整我，躲也躲不掉，我竟然就這樣被訓導主任逮個正著。被當場抓包的我完全無法理解，「為什麼別人爬牆都安全過關，我才投機這一次就當場被逮？」然後我就被帶到訓導處「悔過」，第一次犯罪的感覺，唉，實在太糗了！

事情還沒結束，隔天早上的升旗典禮，訓導主任上台報告，竟然一一唸出「不良名單」，抽菸的、蹺課的、翻牆的……被點到名字的同學必須出列，在全校師生面前罰站。這份名單當然包括昨天自以為僥倖

翻牆的「江振誠」，感覺實在糟到了極點。

後來，輪到校長站上講台，「這次英文抽考，有幾個同學表現傑出，學校要頒發鼓勵的獎狀，被唸到名字的同學，請跑步上台領獎。」然後校長大聲喊出優秀學生的名字。

「江振誠！」校長洪亮的叫聲把我嚇了一跳，「怎麼又是我?!」前一分鐘，我才因為遲到翻牆被罰站，這一分鐘，又被點名「成績優異」要上台領獎。這天早上宛如洗三溫暖，最壞的事、最好的事，都和江振誠有關。雖然這只是一件小事，卻讓當時的我知道，我可能沒有耍小聰明的天分，還是按部就班，腳踏實地，遵守規矩為妙。

度過無憂無慮的一年級，到了二、三年級時，學校開始讓餐飲科的學生接觸產銷實務，並挑選術科成績較優秀的同學進入產銷班，到校內的實習餐廳工作。就像實際經營一間餐廳一樣，後場的人要學會計算成本、籌劃菜單。負責外場服務的，則要把自己變成專業的經理，掌控餐廳第一線的狀況。

即使充滿考驗，但產銷班訂貨、準備菜單、打理用餐細節的實務工作卻深深吸引著我，這比上課有挑戰性，也有趣得多了，因此我一心一意想進入產銷班。皇天不負苦心人，因為術科成績表現出色，我終於獲選。如願進入產銷班廚房之後，我心中漸漸產生一股「找到未來方向」的安定感，「這可能就是我以後要做的事業！」

每天中午餐廳都要營運，老師就是我們的客人。由於每個老師的用餐時間不一，因此他們要來之前必須先訂位，我們也能藉此掌控食材的分量。餐廳運作得有模有樣，對我來說，是新鮮又刺激的餐飲經營體驗。

關於未來的事業藍圖似乎更清楚了，「料理，就是我的志向！」當這個想法湧上心頭，我燃起一股熊熊鬥志，準備要迎接眼前的所有挑戰！

然而，我的求學過程並非全然順遂。從一年級開始，我就利用課餘時間打工。因為提早進入職場的關係，我的所見所學都比一般同學豐富，也因此我的術科成績始終名列前茅。但這些豐富的見聞和早熟的性格，卻也為我的校園生活掀起不小波瀾。

某次學校的料理測驗，規定一個人要做前菜「釀蔬菜」、主菜「白酒海鮮義大利燉飯」與甜點三道菜。校方備好食材，由學生自己策劃菜單，測試時間為三十分鐘。

「時間到！停止手上的動作。」老師舉起停止的手勢，並要求我們一個個排好隊，把菜端上，讓老師品嘗、打分數。同學們乖乖端著菜排隊，我卻靜靜地站在位置旁等待。老師看我一動也不動，大聲問道，「江振誠你的菜呢？我怎麼沒看到！」

「因為還沒上啊！」我笑了笑。

「為什麼還沒上？」老師皺起了眉。

「因為有太多人排隊等著老師打分數。」我直言。

「那你趕快做，趕快跟著排隊啊！」

我搖搖頭堅決地說：「不行！」

「為什麼？」老師的臉色已經變了。

「我只能在快輪到我的時候，才能開始做！」我一字一字清楚解釋。老師瞪了我一眼，沒再說話。

表面上看來，我是班上唯一一個沒有完成三道菜的人。然而事實上，當大家還在忙著做菜時，我早就完全準備好了。但是我堅持必須在其他同學快打完分數後再下鍋，因為菜沒能在第一時間熱騰騰端上桌，可是會走味的。

除了從小到大媽媽堅持為我們現炒午餐便當的教育，另外則是我在打工職場上實際學到的「規矩」。**最好的菜，必須在最好的時機上桌，這個堅持是為了讓食物呈現最完美的一面**，這樣的堅持，卻也讓我與其他聽話的同學「格格不入」。

另一件遭遇更讓我創下淡水商工餐飲科的紀錄。餐飲系學生畢業前，一定要考到丙級以上的廚師證照才有資格畢業，所以系上很多同學都提早在一、二年級參加考試，最遲的到三年級，也必須考到證照。廚師考試分為學科與術科兩種，內容不難，不少同學在二年級就拿到證照，我因為半工半讀比較忙碌，一直到三年級，才去參加考試。

在學校裡，我的學科成績普通，但術科成績非常好，整整三年都排在前三名，主要原因是我從一年級就在全台北最好的餐廳打工，因此術科考試對我而言，應付起來當然遊刃有餘。

我從容應試，對自己有十足把握。當天出的考題也不難，我心想，「在學校裡，我應該算是最有經驗的人吧。」考試時間共一個小時，但時間才過一半，我已經完成考試，於是從容交出成品，準備離開。但會場內監考的三、四位老師，卻不約而同睜大眼睛看我，「同學，你全部做完了嗎？」

「做完了！」我對自己充滿信心，因為這些菜，都是我平日耗費苦心、努力鑽研過的。

其中一位老師好心提醒我，「同學，要不要再檢查一下，你真的完成了嗎？剩下的時間不要浪費，就算做好了也不要這麼快交上來，再檢查一遍比較安心！」

「我可以了！」我直截了當地拒絕，瀟灑地揹起書包離開。對我來說，那是我對自己的自信，也是我對自己專業能力的肯定。

放榜那天，老師一個個喊出成績，一起參加考試的同學全都通過了，唯獨我還沒拿到成績單。「江振誠，你過來一下！」老師默默把成績單交到我手裡。

我心中充滿不安，翻開成績單，竟然是兩個大紅數字「59」，「怎麼可能，有沒有搞錯?!」我心裡很納悶，眉頭糾結在一起。再抬起頭，正好對上老師疑惑的眼神。

「到底發生什麼事？你平常在學校的術科成績都是最好的啊，為什麼這次反而失常？」老師一臉不解。這次的證照考試，連班上成績最差的同學都安全過關，只有我五十九分，硬生生地被刷了下來！

「我不知道啊，題目很簡單，三十分鐘我就完成了！」我滿腹委屈，不明白為什麼是這種結果。

「啊，三十分鐘就完成了？」

「不難啊，我還很有信心跟監考老師保證絕對沒有問題。」

老師低頭沉思，不一會兒抬起頭，拍拍我的肩，「這樣吧，江振誠，你再去考一次，這次等時間到了才交上成品！」老師安慰我。

「難道評審老師覺得我太早完成，要給我一個教訓？」這樣的結果，讓我相當錯愕。無論在學校或在餐廳，我花費的時間與心力，都比班上同學還要多，當我決定要把一件事情做好，就算要花比其他人多三、五倍的時間，我也不會有怨言，一定全力以赴，把事情做到完美。

但評審老師在考核獲得證照的資格時，並非針對衛生維持、工作程序、做菜知識、技術瞭解等專業素養，而是透過主觀認定來打分數，全盤否定了我的努力。對於審核制度深感失望的我，雖然有一點灰心，但也讓我深刻體認到料理這件事，其實是沒有標準答案的，我依然充滿信心，**相信自己可以「透過食物來說話」，我做出的料理，勢必會證明我在料理這條路上的堅持與用心！**

而我直到畢業，都沒有再去參加任何考試。這個紀錄也讓我成為當年唯一一個從淡水商工餐飲科畢業，卻沒有拿到任何一張廚師證照的學生。

法國餐廳初體驗

我從國中三年級就開始打工，在飯店餐廳幫忙洗菜、做三明治，領取微薄的薪水。回想當時，其實沒有什麼明確的志願，純粹是因為對吃有興趣，加上在家沒機會進入媽媽的私人廚房。打工對我來說，其實是踏入迷人廚房的捷徑。

唸淡水商工這三年更是毫無間斷地半工半讀，除了在餐廳打工，我還跨足時尚領域。這是因為從事美術相關工作的姐姐有許多時尚界的朋友，而我突出的身高和亮眼的外型，讓姐姐的朋友彷彿挖到寶一般，「André，你應該來做模特兒！」於是高中三年，我都利用沒上學也沒到餐廳工作的空檔，兼差當模特兒。

那時候的日子過得非常充實。平日白天，早上七點到下午四點半左右上課；下午六點到晚上十二點，到飯店餐廳打工；週六半天，到模特兒經紀公司試裝，禮拜天就登上伸展台走秀。如果是在外縣市，更是一大早四、五點就要出發。每天下課，同學們忙著安排約會玩樂的行程，我則繼續打拚，生活，就像是一場場激烈的戰鬥。

許多人會好奇問我，「為什麼那麼小就要去打工？」除了賺零用錢這個經濟因素，另外還有一個很簡單的原因，因為我很喜歡做事！只要是感興趣的事，就希望多花一點時間來學習，就渴望能夠了解得更深入，類似一種「求知若渴」的感覺。這種全然投入其中的忙碌，讓我每一天都覺得很充實。

開始唸餐飲科後，我發現這個行業非常講究「實做經驗」。成敗的關鍵都仰賴經驗，我必須做得比別人多，看得比別人廣，才有可能進步。為了滿足求知慾，我幾乎把所有打工賺來的錢都拿去買書，不論是食譜、食材百科，只要跟餐飲有關，我完全不會心疼。

以前台灣有關餐飲的專業書籍並不多，我每個禮拜都要到少數幾間販售外文書的書店，委託他們從國外訂書。雖然荷包扁了，但拿到新書的那一刻，卻使我的心靈得到大大的滿足！

對於我執意要成為西餐的廚師，曾經引起不小的騷動。「江振誠，以你的外在條件和語言能力，應該做外場，做廚師太可惜了！」幾乎所有的老師都跑來對我勸說。甚至還有朋友建議我做空服員，雖然徵選條件高，但相對來說薪水也很優渥，更有機會環遊世界。

但如果只因為身高和外型來決定我的工作能力，那也太以貌取人了吧！雖然薪水高、福利好，但我卻一點都不嚮往。師長、朋友對我的選擇大感意外，因為當時外界對廚師印象不佳，認為都是些長得胖嘟嘟、油膩膩、教育程度不高的人才會選擇的行業，有些長輩甚至不以為然地說，「做廚師，跟做修車的黑手師傅差不多嘛！」

我對這種先入為主的觀念很不贊同，一心想改變眾人對廚師的偏見，不僅在技藝，甚至包括談吐、儀表和內涵，我都希望能更加精進。我清楚地知道，法國廚師都有很崇高的社會地位，甚至跟濟世救人的醫師地位不相上下。在我心目中，能當上一名被肯定的廚師，絕對不是一件簡單的事。

當我認同一件事，喜歡一件事，就會很專注地全力以赴。我知道自己喜歡閱讀、喜歡藝術、喜歡料理，雖然在學校的成績不太好，但我心裡很清楚，一定要培養很強的一技之長。

高中時期，我已為自己訂下計畫，如果想要讓料理精進，除了學校的基礎教育，必須再加上一級水準餐廳的實習經驗，技藝才能更上一層樓。為此，我對打工地點精挑細選，「一定要進入台北最好的法國餐廳學習！」

當時在台北火車站對面的希爾頓飯店成了我的打工首選，這家飯店就是現在的「凱撒大飯店」，被列為區域型三星級飯店。幾十年前，它可是全台灣最風光的飯店指標和熱門約會地點，只要說出「希爾頓飯店」，無人不知，無人不曉。

希爾頓飯店創下許多紀錄，在當時，這棟大樓是全台最高的一棟建築物，也是台灣第一個國際連鎖五星級的飯店品牌。除此之外，它還是第一家有迪斯可舞廳的飯店，也是擁有最高等級西餐廳的飯店。同時期，台北知名的國際飯店還有南京東路上的「皇冠力霸」，現在擁有國際級水準法式餐廳的五星飯店像是民權東路上的亞都飯店，當時才剛向國際級酒店等級邁進。而西式餐廳當中水準最高的，仍屬五星級的希爾頓。

很多人都說找工作很困難，但是我的做法卻很簡單，就是直接「長驅直入」。小小年紀的我膽識十足，直接進入飯店，走到櫃台，不囉嗦、不猶豫，坦誠向服務台人員詢問：「我想要找工作，很希望在這裡工作，請問有沒有機會？」

毛遂自薦進入希爾頓飯店後，在那裡工作了一年。升高二時，位於民生東路、敦化南路金融商圈精華地段的西華飯店全新開幕，它是第一家由國人經營的五星級商務飯店，房間數雖然只有三百多間，但整體風格精緻典雅。

報章雜誌大肆報導，餐飲旅館同業口碑相傳，讓新開張的西華飯店名氣紅不讓，尤其它的西餐品質，當年更被媒體宣揚有躍上世界百大的水準，名氣十分響亮！

「為了讓自己的學習更上層樓，我希望可以進入這個更棒的環境，拓寬自己的視野！」於是我很快地去自我推薦。前去應徵西華飯店時，面試官是一個名叫 Richard 的行政主廚，是個瑞士人。Richard 看了我的履歷，然後用很犀利的眼光上下打量我一番，「你想應徵什麼職位？」

「什麼職位都沒關係！」我坦白說。

「期望的待遇呢？」Richard 再問。

我目光堅定地看著 Richard，清楚地說，「我不在乎薪水，你們能給多少就給多少，我只要求能在法國餐廳工作。」

「What?!」Richard 吃驚地瞪大眼睛看我。他注視我幾秒，然後緩緩開口，「我們的工讀薪資是一個月六千塊。不過目前法國餐廳沒有職缺，你願不願意先待在義大利餐廳，等法國餐廳一有空缺，你馬上轉調？」

當時我有一些朋友也在飯店的餐廳打工，薪水大概都超過基本的五位數。但「錢」本來就不是我打工的目的，重點是要在一流的環境工作，與最優秀的人學習，我很清楚，未來我要賺的是立足成就的「大錢」，而不是現下這種打工的「小錢」！

「OK，沒問題！」我很快回答。

他笑了笑，「你什麼時候可以來上班！」

「明天！」

「好，歡迎你成為西華的一員！」Richard 向我伸出大而有力的手。我也伸出雙手向 Richard 致意，「謝謝，這是我的榮幸！」

這場面試不到五分鐘就結束。第二天，我換上新制服，展開西華飯店義大利餐廳「TOSCANA」的打工新生活。

莫・忘・初・心

- 最好的菜，必須在最好的時機上桌，這個堅持是為了讓食物呈現最完美的一面。
- 我仍然相信自己可以「透過食物來說話」，我做出的料理，勢必會證明我在料理這條路上的堅持與用心！
- 只要是感興趣的事，就希望多花一點時間來學習，就渴望能夠了解得更深入，類似一種「求知若渴」的感覺。這種全然投入其中的忙碌，讓我每一天都覺得很充實。
- 當我認同一件事，喜歡一件事，就會很專注地全力以赴。

Chapter —— 3

廚師帽。

" all the produces from the sea, natural 'sea' flavor
Sea water granité, fresh sakura Ebi, a Slice of
kombu, pickle baby Onion, herb flower
a simple tartar of Calamari/Squid or homemade
smoke fish of the day
Beautiful balance of texture, sea flavor and
purety of mother nature "

最年輕的法國餐廳主廚

我從來不覺得自己比別人聰明或比別人能幹，「勤能補拙」是我從小到大奉行的唯一真理。「願意花多少時間，就會培養多少能力」、「世界上沒有天分這種事，只有努力、再努力而已」，這些被年輕人看作是「老掉牙」的勵志條文，就是我打開成功之門的鑰匙。

高中時期，我的工讀生活幾乎全年無休，父母親很支持我，我也不以為苦，覺得理所當然。

大概是「超齡」的成長背景造就了我如此早熟的思想吧。小時候，我與同儕沒有太多機會接觸，總是和大六、七歲的哥哥、姐姐玩在一起，就連哥哥、姐姐的朋友，後來也成為我的朋友。當同學在家裡附近的公園玩，我早已跟著那些「大朋友」跑到西門町的萬年商場，在當時這可是只有高中生才會去的地方呢！

年齡稍長，當我獨自面對工作這件嚴肅的事情時，也有比起一般同輩更成熟的思考，「立定計畫，按部就班，才能一步一步接近成功！」秉持這個理念，我不把「打工」當作遊戲，而是認真看待，全力以赴。也是因為打工，讓我戴上了夢寐以求的白色廚師帽。

我先進入希爾頓飯店的法國廳，然後到西華飯店的義大利餐廳，再調到法國餐廳。沒幾年，又轉到亞都飯店的「一九三〇法國廳」。這樣轉了一大圈，最後又受邀回到西華飯店法國廳。來來去去，一點一滴地努力，我心中很清楚，自己正逐步接近擘畫中的夢想。

校內的教學資源有限，比起課堂，我從職場的實戰經驗中獲得更多收穫。許多老師不會教、但卻很實用的東西，其實都是從飯店裡的師傅身上學來的。

很多人對廚房師傅都有刻板印象：喜歡發牢騷，愛喝酒、抽菸，吃喝嫖賭樣樣來。有些小徒弟因而有了錯誤的觀念，以為只要送師傅一點酒，下了班陪師傅乾幾杯，一起發牢騷，這樣「志同道合」地攪和，才有機會往上爬。

我對如此做法十分不以為然，「站在哪個崗位，就應該把那個位置的工作做好」才是最實在的事。因此從一開始打工，凡是認識我的師傅都知道，「André 這小夥子，工作很拚喔！」他們深知我很努力地埋頭打拚，自然不會找我做其他雜七雜八的事。

我遇過各種個性和脾氣的廚師，有些人所學不多，廚技是唯一的謀生工具，的確會有「藏私」的舉動。但有些人則完全相反，把自己會的全部貢獻出來，因為如果把小徒弟教會，自己的工作負擔自然可以減輕。我喜歡這樣的師傅，表面上看起來，我的工作增加了，但換個角度想，我有了更多練習的機會，反而賺到了。

其實廚房裡的每一個人都有一套生存技巧，有人努力跟師傅打好關係；有人強調優秀技能，爭取一席之地。一個小小的廚房，就像社會的縮影。

唯一讓我無法認同的，是抹煞別人努力的驕傲心態。好比有名廚來客座表演時，經常在廚房聽到的一句話是，「喔，那個也沒什麼啦，很簡單，我也會做！」總有人如此流露輕視的語氣，隨意踐踏別人的成果，卻不知此舉暴露了自身的膚淺。這讓我引以為戒，千萬不能沾沾自喜，更不要輕易批評別人，丟失自己進步的機會。

即使是現在的我，依然如此警惕自己，不管站在什麼位置，永遠都要保持謙虛的心態。一旦自滿，就不會進步，我想這也是許多亞洲廚師無法精進並踏上世界舞台的重要原因。古人常說「學無止境」，不只在餐飲，任何行業都一樣，如果不往前進，只能停留在原來的位置，那麼很容易就被淘汰掉了。

幾年的打工經驗，我採取階段性的學習，從不浪費一分一秒的時間。如同我轉換打工環境都是經過深思熟慮，同樣的，在餐廳裡的每一個進程，我也經過策劃，一級一級精益求精。

我覺得學習一定要有計畫，有了大方向，接下來是訂定更細部的小目標、達成時間、方法等等，這樣就更能鞭策自己，也會更有動力。如果只是一個模糊的方向或想法，常常就會鬆懈或怠惰以致半途而廢，這實在很可惜。

所以每當進入新的工作環境，我習慣先觀察廚房、餐廳裡每個人的工作內容，積極了解廚房的結構，有幾個小廚師、領班、副主廚、主廚……等等。再把每個人的職位和工作內容詳盡列表。接下來用

check list 的方式，學習並完成所有關於廚房的「每一件事」。為了在最短的時間之內熟悉工作內容，我常常在心裡暗自盤算，達成每個任務，需要花多少時間，這個被我稱之為「階段式成功」的方法，讓我每到一個新環境都能及時上手。

把種種問題思考清楚之後，下一步是尋求「解答」，最後我會向自己提出考驗，「可不可以把完成任務的時間縮短呢？」就這樣朝著規劃出來的目標，一步步要求自己向前邁進！

回顧長長的打工歷程，每一階段，我絲毫不敢鬆懈，一直在為下一個 Position（職位）做準備。頂頭職位的人在做什麼，我會騰出時間觀察、研究、學習。每回我都提早進廚房，先了解上司在做什麼，到了上班時間，再繼續自己分內工作。

這個自我磨練出來的一套學習成長訓練，推動我深入瞭解廚房每一個職位的工作內容，照著腦海建構的階段藍圖，下一步的方向自然格外清楚。也就是說，如果我能把上司的工作內容都學會了，當然我就有機會可以勝任上司的工作！

排列有序的鍋碗瓢盆、閃現銀光的潔淨流理台，我經常第一個抵達廚房，享受這股開工前的靜謐，一股蓄勢待發的激動感油然而生。即使總是早到的我，在別人眼裡就像個「傻子」，我卻依然自得其樂。

而我這份堅持換來的結果，是只要上頭主管一休假，主廚馬上就指著我大聲說道：「André，你來接替這個位置！」

「是，Chef！」我總是牢牢抓住這些機會！

回想起來，那分帶著傻氣的堅持也許是正確的。二十歲以前，我憑著一股執著戴上廚師帽。二十歲那年，這股執著又為戴著廚師帽的我圓了第一個夢——當上西華飯店法國餐廳主廚。這個位置，讓我創下台灣餐飲史上「最年輕法國餐廳主廚」的紀錄。

主廚的考驗

「最年輕法國餐廳主廚」的頭銜，一點也沒有讓我自滿。除了內部不信任的聲音，當時台灣高級餐廳有越來越多外國主廚掌舵，部分驕傲的外國主廚看不起台灣廚師，甚至連亞洲廚師都不屑一顧。我惕勵自己，「我們差人家太多了，沒有時間沾沾自喜，更沒有時間可以浪費！」

從外人眼裡看來，也許認為我能夠晉升主廚是因為運氣好。但事實上，如果以工作時間計算，我在飯店任職的資歷已經可以算是「開朝元老」。從最早的瑞士主廚，之後歷經義大利主廚、德國主廚，最後再換了一位法國主廚。當法國主廚擔任行政主廚大位後，才把我升任成為法國廳的主廚，如果以古時候「改朝換代」的經歷來看，我已經「伺候」過四位主子。

這位行政主廚曾經對我說過一句話，「在法國，二十歲這個年紀當主廚是很正常的一件事，既然在法國可以，為什麼在台灣不行？」在大家面前，他那雙大手掌有力地拍著我的肩膀，「每次交代 André 的東西，不用我多說，他一定可以做得很好。更難能可貴的是，他很有自己的想法。」大廚語重心長把話說明：「為什麼大家都要用『年齡』

這個理由來局限人才呢？」

然而，即使有了行政主廚的大力背書，能否獨撐大局，還是我個人必須面對的艱難考驗。台灣料理界一直都有所謂「師徒傳承」的制度，學徒必須到達某個年齡，才有資格往上爬，但這樣的觀念和制度，卻讓很多年長的前輩倚老賣老，阻礙了台灣餐飲的發展，無形中壓抑了許多年輕的優秀人才。

「André有這麼好的條件，當空少、模特兒多好，至少應該做外場嘛！當個廚子，唉，真是太可惜了！」「André太年輕了，有能力管理嗎？」當上主廚後，不少同事在私底下竊竊私語。

別人越不看好的事，我越是要爭口氣。這不僅為了自己，也為了「廚師」這塊招牌，「我一定要做出個名堂！」我希望自己能成為一個典範。當時，我底下的副主廚、領班都差不多三十多歲左右，而我一個才二十歲出頭的小夥子，如何帶領他們？如何能服眾？老實說，真不是件簡單的任務！

一開始，不服氣的聲音時有所聞，排擠的小動作也層出不窮。不過我向來待人客氣，對於這些雜音，我選擇一笑置之，見到面，依然客氣喊聲「師傅」。雖然我的位階已經比他們高，但是他們的年紀都比我大，是我的長輩。既然如此，還是要給予一定的尊重。只是我的禮貌和耐心，還是面臨了很大的考驗。

比較溫和的，是對我提出種種難題，「法國料理和義大利料理有什麼不同？」「為什麼四月的法國白蘆筍比較好吃？」或是提出有意無意的「挑釁」：「欸，這我不會做，主廚，你能不能做一次給我們看，讓我們見識一下啊！」甚至有人直接下戰帖，「喂，我們來比賽，看誰削馬鈴薯削得比較好、比較快，其他同事就當裁判。主廚，你敢不敢接受挑戰?!」

每天，我幾乎都要面臨各種不同的挑戰，如果心臟不夠強壯，能力不足應付，恐怕很快就被三振出局。我正面迎戰，毫不畏懼。兵來將就擋，而我應對的方法很簡單，**永遠都做最好的準備，最壞的打算**。不耍任何花招，完全用硬底子真功夫接招。

我要求自己，每一次都要確實回應他們的「要求」，把每件事做到最精準。打敗其他廚師並不是我最大的目的，而是想透過一次次解答難題的過程，誠心告訴他們，先前我也有許多不會、不懂的地方，但我藉由各種機會，把這些原本不會的事學好。「你們來問我，我很高興可以告訴你們答案，而且我也相信，你們會做得更出色！」我不藏私，反而傾囊相授，時間久了，他們也了解我的個性和用心，漸漸心服口服，不再找碴了。

這整個過程的壓力大過挑戰，但這一點一滴，對我來說不是辛苦，而是邁向成功必經的過程。**一個人想要得到什麼，絕對需要付出相對的努力。天下沒有白吃的午餐，不論任何事情，唯有先付出，才能有所得！**

就像有人可以排隊排一整天，只為了買一張心儀偶像演唱會的票。對他們來說，這個代價很辛苦嗎？其實不會，因為他們喜歡，所以這就只是一段過程罷了。「想要一樣東西，就需要付出一定的努力。」這就是我一路以來秉持的信念。

直到我離開飯店，不同領域的中餐廳同事，以及朝夕相處的西餐廳同仁，我和每一個人都相處得很愉快。上從董事長，下到基層的洗碗員工，大家都很喜歡我，這也是我在飯店這幾年下來，很欣慰的收穫。

二十歲，這是人生剛起步的青澀年華，我收到了許多肯定與認同——我這個人、我的能力、我的管理、我的決策。一點一滴，都為我帶來繼續向前的力量。這是幸運，卻不是偶然的幸運，是我把握每一個得來不易的機會的小小收穫。而我的努力，勢必得堅持下去。筵席散場，最終都要離開，回想起來，卻是我很珍惜的一段時光。

雙子星初邂逅

打從開始學習廚藝，我就對料理界維持著高度的關注。除了報章雜誌這個資訊管道，台灣當地找不到的資料，我就透過書局向國外訂購。賺來的錢統統拿去買書也不以為意，我就像塊海綿一樣，盡情吸收美食資訊。

有關料理界的脈動，當時只要有人提得出問題，我幾乎都能回答。對國外名廚的動態，我更是完全掌握。因此飯店若想邀請名廚到台灣客座表演，一定會跑來詢問我這部「料理百科」的意見。

我在西華飯店法國廳擔任副主廚時，飯店經常邀請米其林三星主廚或不同料理領域的世界名廚客座表演，像現在名氣依然響亮的教父級米其林三星主廚艾倫·杜卡斯（Alain Ducasse）就是我曾大力推薦的人選。

在沒有Google的年代，要了解料理界的動向，可是需要下功夫的。因為長期閱讀相關書籍和報章雜誌的習慣，不論廚師的身家背景及經驗來歷，我都了解得一清二楚。尤其是廚師們夢寐以求的桂冠——米其林餐廳以及米其林主廚名單，每年我都在第一時間掌握最新資訊。

有師傅甚至讚美我，「小江這個廚師鼻，真靈敏啊！」

一天，行政主廚來到我面前，「André，我們這次想再邀請米其林三星主廚到飯店客座表演，你一向消息靈光，有沒有合適的建議人選？」

「感官花園（Le Jardin des Sens）的雙胞胎主廚雙子星兄弟如何？他們可是米其林史上最年輕的主廚！」

「喔！這樣啊！」行政主廚露出感興趣的眼神。

「嗯，他們才三十二歲就拿到米其林三星，是米其林史上最年輕的主廚，今年應該也只有三十四歲吧。」我對兩人的背景與經歷再做補充介紹。

雙子星兄弟當時在法國紅遍半邊天，他們位於南法蒙佩里耶（Montpellier）的感官花園天天爆滿，但台灣料理界對他們仍然很陌生。我之所以大膽提出這個建議，是因為雙子星兄弟已經在九八年的米其林評鑑中得到最高三顆星的評價，算是最紅的兩個「巨星」。

透過外國報導資訊，我很早就對他們兄弟兩人心生景仰，「才三十幾歲年紀，就達到這種顛峰水準！簡直太厲害了！」平面的二手資訊傳達的只是皮毛，我像個追星偶像迷，衷心期盼有機會能和他們近距離接觸。

飯店很快發出邀請函，隨後不久，我們收到令人興奮的回音，雙子星兄弟答應來台灣表演。因為雙子星兄弟是我提議的人選，理所當然，接機招待的重要任務就落在我身上。我永遠記得和他們見面的那一天，我懷著興奮又忐忑的心情，搭坐飯店指派的黑頭禮賓車前往桃園機場迎接。在開往機場的途中，心裡始終有股不安的緊張情緒，「他們兩兄弟之前一直都沒有要求要先運送任何器具，不知道今天一輛禮車夠不夠載？」我心中疑惑不已。

飛機準時抵達，同事拿著歡迎名牌。我的心隨著入境大廳自動門的開開合合噗通、噗通地跳動著。突然，入境大門頂上的監視螢幕出現熟悉人影，兩個面貌相仿、一眼可以看出應該是雙胞胎兄弟的兩個外國人，神情怡然地出現在入境的螢幕上。

「真的是他們嗎？」我不可置信，兩兄弟都穿著簡單的Ｔ恤、牛仔褲、帆布鞋，一隻手拿著護照，提著一只小包，另外一隻手瀟灑地插在牛仔褲口袋裡，就這樣輕鬆出關。我來來回回搜索好幾次，怎麼看就是看不到他們有帶其他大件行李。

他們灑脫的態度，如果不說他們是米其林大廚，還以為他們是要來台灣度假的外國觀光客，這種裝扮一點也不像印象裡的米其林三星大廚，反差實在太大了！「難道是我看走眼了嗎？」我心臟噗通、噗通好像快跳出了胸口，「到底是不是他們呢？」

「Bonjour（早安），你是André？」兩兄弟看到了舉牌，笑盈盈地走過來打招呼。

「是的！Mr. Pourcel，歡迎蒞臨台灣！」我止住緊張，快速伸出手接下雙子星兄弟簡單的手提行李。「請問您們，還有其他的通關行李嗎？」

「就是你手上拿的這件！」哥哥輕鬆地將手一攤，朝我眨了眨眼睛，幽默地笑著說，「很重嗎？」

這完全打破了我以往的印象，米其林三星主廚要登台表演，陣仗通常宛如元首級的御廚出任務，食材、道具每一樣都格外講究。以食材為例，舉凡叫得出名稱的高貴食材，鵝肝、白蘆筍、松露、魚子醬，一定要從法國當地空運帶過來。有些特別的香料、醬汁，甚至連水、雞蛋等頻繁使用的材料，名廚都堅持要從法國冷凍運過來。陣仗浩大，又不容出錯，幾天的客座演出，單是準備過程，往往可以運來幾大箱「道具」，繁瑣程度如同一趟海外搬家。

我們在車上閒聊了一會兒，他們要求的第一件事就是：「明天一早，帶我們到最大的市場去逛一逛。」

隔天一早，凌晨四、五點，台北晨光未露，整個城市還處在一片朝霧朦朧。尚未甦醒的天空，掛著幾顆星星，閃爍著微弱餘光。淡淡晨霧飄來，空氣頓時像灑了清新劑，清涼的感覺讓人精神一振。我事先請飯店安排好車子，時間一到準時到達集合大廳，抬頭一看，雙子星兄弟兩人早已站定在大廳一角，精神奕奕、整裝待發。

「Good morning Chef. Did you sleep well last night？」（昨晚睡得好嗎）

「Bonjour, André.」兩兄弟向我點點頭，但兩人似乎不會說英文。

不浪費時間，我們快速搭上車。第一站直接開往台北最大的果菜批發大市場，然後再轉往熱鬧的魚市場。一到市場，兄弟兩人一改前一天的悠閒態度，專注巡查攤販上的每一樣新鮮食材，不時還比手畫腳提出問題。兩個人用法語嘰哩呱啦地交談，一邊拿出小筆記本，在本子上又寫又畫。

時間飛快流逝，太陽露臉了。在準備回飯店途中，「Voila！（這就是了）」兄弟兩人很開心地拍手，「今天的菜單搞定了！」

「難道他們要用這些食材，做出米其林級法國菜？有可能嗎？」看到他們提出的菜單，我充滿疑問。「怎麼可能？這些東西我隨手可得，又不是法國來的，怎麼有辦法用台灣食材，做出米其林法國菜？」雙子星兄弟葫蘆裡到底賣的是什麼「菜」，讓人既緊張又期待。

事實證明，我的想法完全錯了！看他們做菜，讓我找回最原始的感動，「這才是頂級米其林的境界啊！」我內心不自禁地呼喊。先前一度有所懷疑，但進入廚房，親眼見證整個料理過程，我佩服得五體投地，只能用「化腐朽為神奇」來形容！馬鈴薯、洋蔥、蘿蔔……這些可能連台灣廚師都看不上眼的在地食材，經過雙子星主廚巧手一變，全化成一道道美味的藝術佳餚，如此神乎其技的創作過程，讓我大大震驚！

他們做菜的模式完全顛覆我以往所見所學，沒有制式菜單，也沒有高貴食材，只要有當地的新鮮食材，他們「信手拈來」就能揮灑出高級的法國經典料理。看他們調味，沒有加幾匙鹽、幾克糖的規定，不夠鹹，大師就抓點鹽，像個魔術師一樣，優雅地輕輕一揮——令人無法忘懷的絕妙滋味就出來了！

以前我總以為自己已經懂得不少，但仍然會像其他人一樣，有種崇外心態，「嗯，法國、日本的食材，總是比較好吧！」但這一次，從雙子星兄弟身上，我先入為主的觀念被大大扭轉，**「頂級料理並不是一定要有頂級食材，才能夠做得出來。」**

那麼「頂級料理」的意義，到底是什麼呢？我重新自問，難道標新立異秀出夢幻食材，才能表現這道菜的高級嗎？原本認為頂級法國料理是奢華飲食表現的我，彷彿遭受震撼衝擊，一直以來建構出來的觀念地基，正一塊塊崩落瓦解。

「應該是從最容易取得的食材或身邊的微小事物，做出不一樣的詮釋，這才是真正法國米其林三星的技術吧！」我頓時恍然大悟，剎那間有如大雨沖刷後般清爽，答案無比清晰。我終於了解米其林三星的精神了——**不是譁眾取寵的花稍技巧，而是對食材深不可測的了解。**

許多廚師總喜歡抱怨：「我沒辦法做出那些好料理，是因為沒有好食材，沒有好人手！」但透過這次的經驗，我發現這些其實都是藉口。為什麼呢？因為雙子星兄弟的成果如實展現，即使是馬鈴薯、蘿蔔、洋蔥這樣平凡的食材，也可能有令人驚豔的發展空間，並非錢花得多，食材用得稀奇，才能做出高價菜餚。也就是說，即使是最容易取得、最簡單的食材，只要透過手藝和巧思，擅用組合與搭配，就能創造出不可思議的美妙滋味。這就是雙子星主廚能夠崛起，並備受景仰的原因吧！

在和雙子星兄弟一起工作的短短十天，我所學到的並不單只有技術。更寶貴的收穫是親身感受到兩位大師如何透過美食，向人們傳遞「沒有什麼食材應該被看輕」這種萬物都值得被珍惜的觀念。

從那個時候開始，我豁然開朗，知道自己已經找到人生奮鬥的目標。我希望有一天，也能像雙子星大師一樣，用平凡可得的食材烹調出不平凡的美味料理。美好的料理是一種精神，而不是數字。雙子星大師讓我了解身為廚師的意義與成就感為何，這一刻開始，我很清楚，自己的人生即將發生巨大的轉變！

千錘百鍊 苦學語言

能夠躋身世界舞台，不可否認，「語文能力」是我能夠優於同儕的重要利器。除了全球通用的英文，以及中文母語，我另外還會講日語、粵語、法語，也讀得了西班牙文。如果再加上台語，以及現在定居新加坡對當地使用的新語也略懂一二，加總起來，我大概會說八種語言。除了中文、台語，其他每一種語言，我都是下苦功自學而來，如同廚藝的學習一樣，沒有任何取巧的捷徑。

因為爺爺、奶奶受的是日本教育，小時候一度寄居在爺爺、奶奶家的我，從小對日語就不陌生。日語，成了我成長過程中學習的第一種外國語言。但要談到真正能嫻熟日語，應該是日後我到東京協助雙子星開店的事了。

至於英文，我常聽人說，台灣人的英文不好，是因為沒有完全英語的環境可以練習。我認為這句話只對了一半，台灣不是英國、美國，當然沒有完好的英語環境。學習語文，如果有好的語言環境當然有幫助，不過最重要的成功關鍵，仍在自己是否有強烈的學習意願。如果有，再怎麼困難也都能為自己創造出合適的學習環境。

以我學英文的經驗為例，我沒有特別補習，但在學校的英文成績一向很好，經常受表揚。我唯一的方法就是抓住每個可以說英語的機會，跟懂得英語的人交談，為自己「創造」語言的學習環境。

在學校，我時常和英文老師交談。儘管老師是台灣人，但只要一上英文課，我就強迫自己一定要用英文提問，透過跟老師一問一答的過程來習慣英文會話。每個學期都是如此，只要不會的就提問，再困難也一定都用英文發問，透過這種練習，我的英文進步得相當快。

那段時間，台灣有許多人移居美國，興起一股「美國移民潮」。當時周遭親友經常談論著「美國夢」，就連姐姐也到美國工作。我也忍不住對美國產生憧憬，很想出國，覺得外國的月亮一定比台灣圓！除了這個夢想，再加上想看懂國外餐飲書籍和食譜的渴望，成為我學習英語最大的驅動力。雖然後來我沒能去美國完成「美國夢」，卻也學得一口流利好英文，至今仍然受用無窮。

到飯店打工的時候，我發覺自己還頗有一點語言天分，這個「發現」讓我對其他語言也躍躍欲試，因此一有空檔，我就會跑去找粵菜師傅、日菜師傅聊天，除了增加料理知識，不知不覺，我的粵語以及原來就有基礎的日語，也能夠琅琅上口。

「艱困的環境可以讓人成長。」這句話我感觸至深。我的語言學習，幾乎就是在最辛苦的環境之下，「土法煉鋼」一句句被錘鍊出來的。我到法國學習廚藝時，一句法文都不懂。儘管英文還不錯，但英文在法國，特別是南法地區，幾乎毫無用武之地。

但是處在一個時時都在戰鬥狀態的法國廚房，根本沒人有空教你法文。每個人的節奏都很快，壓力也很大。你聽不懂，就只有站在旁邊罰站的分，沒有人有耐心解釋這個東西該怎麼切，那個東西該怎麼煮。唯一的方法，就是逼自己迅速進入狀況，趕快聽懂別人在說什麼，才有機會在廚房生存下去。生存，因而成為我學習法文最大的動力，我告訴自己，「一定要學會說法文！」

法文的文法比英文更複雜，它的時態變化有三十多種。我沒有經過正規的訓練，也沒有金錢和時間去上課，只有不斷查字典，不斷請教別人，過程真的是一般人難以想像的辛苦。

別人跟我講一句我聽不懂的法文，我會嘗試把它用英文先拼出來，等到下班後，我再請教略懂英文的法國好友，用英文拼出句子大概的聲音，這位朋友聽懂後再跟我解釋這句法文的意思，最後再用法文把正確句子寫給我看。我每天就這樣一句一句學，一字一字背。

這樣自學法文，過了半年，漸漸聽得懂別人在說什麼。一年之後，我開始有信心開口講法文，直到我能和法國人順利溝通，差不多花了兩年時間。這兩年，我下班回家，就像小時候學習寫字一樣，一定在本子上寫單字、背句子，沒有一天間斷。

如今當我有機會和外國人用法語交談時，幾乎都被誤認是在法國生長或久住的亞洲人，我這個連法國人也肯定的法語能力，完全就是用一個字一句話，死背牢記磨練出來的。學習語言對我來說就和學做料理一樣，下定決心，持之以恆地練習、再練習就對了！

莫・忘・初・心

- 唯一讓我無法認同的，是抹煞別人努力的驕傲心態，千萬不能沾沾自喜，更不要輕易批評別人，丟失自己進步的機會。
- 永遠都做最好的準備，最壞的打算。
- 一個人想要得到什麼，絕對需要付出相對的努力。天下沒有白吃的午餐，不論任何事情，唯有先付出，才能有所得！
- 所謂的料理，不是譁眾取寵的花稍技巧，而是對食材深不可測的了解。

Chapter —— 4

米其林的夢幻廚房。

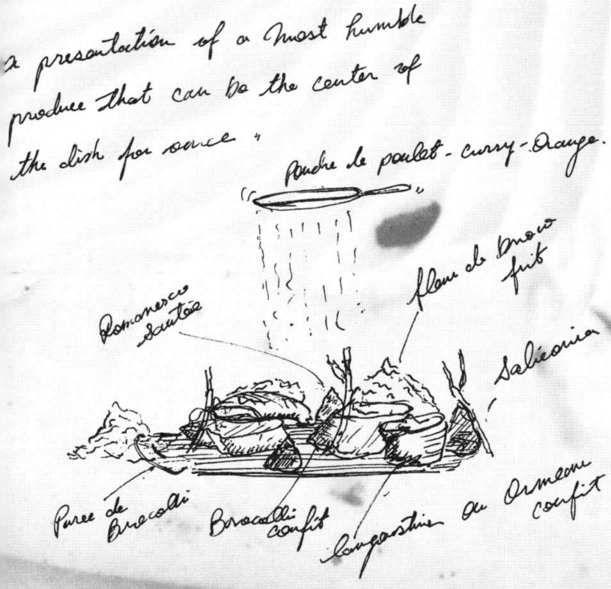

a presentation of a most humble produce that can be the center of the dish for once"

三秒鐘的決定

「André，你想要到法國學習真正的法國料理嗎？」十天的時間很快就過去，接近尾聲時，Jacques & Laurent 主廚兄弟倆突然問我。我睜大眼睛，呆呆地愣了幾秒：「Yes!」回神後我堅定地回答。兩兄弟微笑看著我，了然於心地點了點頭。

這一刻，我的心快速跳躍，血液沸騰，全身發熱，「哇，我終於可以到法國了！」

就在雙子星主廚 Jacques 和 Laurent 兩兄弟要回法國之前，我收到生命中最珍貴的一份「邀請」，一幅全新的料理版圖終於在此時成形。雙子星主廚在飯店為期十天的客座演出，除了顛覆大家對法國料理的傳統認知，廚師們更經歷一場每天逼近二十小時的體力考驗！

從雙子星主廚輕裝便服下飛機開始，負責這個專案的我隨侍在側。第二天，挑戰就開始了。清晨四、五點，天還未亮，兩位主廚先去逛市場、準備菜單，確定菜色後，隨即回到廚房準備。等到後場準備工作就緒，用餐時間也要到了。客人抵達，開始準備上菜，這時更是要繃緊神經，一點也不能出錯。原本模樣輕鬆的雙子星主廚，到了廚房裡相當嚴肅，一切要求完美！

每一天，幾乎都要忙到深夜一、兩點才能下班，大家都筋疲力竭。兩位主廚雖然和我們同樣作息，每天逼近二十小時毫無一刻鬆懈，但是他們臉上卻絲毫沒有倦容。除了佩服，我更加好奇，到底是什麼樣的信念，成就如此風範？

為了深入了解他們，我暗自決定要比他們更努力。於是，當主廚要求早上六點到，我便自動提早一個小時進廚房，把東西預先準備好。晚上如果十二點下班，我便自願將所有善後工作確認妥當，最後一個關燈離開。看起來也許有點像「傻子」，但我絲毫不以為意，我心裡想，地位崇高的雙子星主廚都親力親為了，我多做一點，就多學到一點，這是千金難買的寶貴體驗，有什麼好計較的呢？

回想那個短短三秒的重大決定，看似衝動，其實卻很理智。當時一個想法猛然竄上心頭：我一直在學法國菜，卻從來沒有到過法國，法國人的道地口味到底是什麼呢？如果連這個最基本的問題都沒機會探究，戴著這頂「台灣最年輕的法國主廚」高帽又如何？

坦白說，亞洲人要做法國菜在先天條件上已經比歐洲廚師不利許多，因為沒有完全的法國環境，根本無法知悉什麼樣的法國料理才是最好的料理，所以只能停留在依樣畫葫蘆的階段。有些味道我們覺得很美味，但法國人卻感覺很糟糕，「要能做出連法國人都覺得道地的法國菜，才算真正瞭解到法國料理的精髓吧！」這個想法一直在我的腦海裡打轉。

雙子星主廚提出的邀約喚醒了我心中「一定要去法國學料理」的熱切激情。但冷靜下來後，問題一一湧上來了，「我能在異地生存嗎？要去多久呢？是『蘸醬油』般走馬看花到此一遊？還是要『變成一個法國人』，深探法國的精髓？」一個又一個疑問，在心中洶湧翻騰。「能待多久，就待多久吧！」出發前，我終於下了這樣的決定。法國這一趟，我是遲早都要去的。不顧眾人擔憂的眼光，我下定決心，盡快出發。

於是我積極準備出國，賣掉心愛的摩托車，加上跟阿姨借的十五萬和以往的積蓄總共有二十五萬元。但光是飛法國的機票錢，就先花掉七萬塊了。即使如此，也不能打退堂鼓。就這樣，我揹著一個背包，帶著一套伯父送的刀具和親朋好友滿滿的祝福出發。我的一股傻勁，其實來自於追求夢想的勇氣，即使心情忐忑不已，但我還是邁出對我極為重要的一步——飛往法國！

那時候真是初生之犢不畏虎，我半句法文也不會，壓根兒沒有多想到了法國之後會面臨什麼狀況，心中只有一個簡單的念頭，「這是一件我所認同的事情，那就勇往直前放手去做吧！」

只要我把百分之一百二十的努力都拿出來，那就沒有什麼是克服不了的難題。站在桃園機場的出境大廳，望著一架架即將起飛的飛機，我下定決心。

亦師亦父的雙子星主廚

脫下台灣最年輕法國餐廳主廚的廚師帽，一切從零開始，我從台灣飛往南法的蒙佩里耶小城。

那真是一趟耗時費力的旅程，我必須先飛到英國倫敦，再轉機到法國，之後再從巴黎搭法國國內班機抵達南法的蒙佩里耶—地中海機場。光是在飛機上就待了十七、八個小時，加上在機場候機、轉機，還有陸上交通，整整要花一天半的時間。千辛萬苦，我終於來到夢寐以求的料理聖地——感官花園。

位在法國南部的蒙佩里耶小城，在遇見雙子星主廚之前，我對這個城市完全陌生，不要說不知道它落在世界地圖的哪個地點，連它的名字我都是第一次聽聞。蒙佩里耶是座歷史悠久的小城，距離地中海只有七公里，離法國首都巴黎則有七百公里之遙，是法國第八大城市。它的地理位置正巧坐落在西班牙與義大利的中心點，這條路線上還有馬賽、尼斯、坎城等著名的避暑城市，沿途山水相傍、風光旖旎，陽光終年普照蒙佩里耶，因此它也有「日不落城」的美稱，是法國人最愛的旅遊景點之一。

Pourcel 兄弟倆在餐廳成立前，原本是各自發展的。直到一九八八年，兩人才決定和好夥伴 Olivier Chateau 在距離蒙佩里耶市中心不遠的一間廢棄小屋，一起合作開設感官花園。

他們以地中海式花園為概念，創造出現代感十足的餐廳，在裡頭施展創意，提供精緻的法國料理。十年後，他們的餐廳獲得米其林三星的榮譽，締造米其林三星「最年輕廚師」的紀錄。兩兄弟在法國可是家喻戶曉的大明星，紅透半邊天，所到之處，都有一堆人排隊等著要求簽名，跟偶像一樣。

哥哥 Jacques 和弟弟 Laurent 這對雙胞胎兄弟中，弟弟結婚了，哥哥維持單身，因此兩人並沒有住在一起。我抵達蒙佩里耶之後的第一個住所，就是 Jacques 的家。

隻身到法國學藝的我，人生地不熟，一句法語也不懂，加上口袋裡的錢不多，也沒辦法租房子。考量種種狀況，Jacques 給我一個房間，讓我暫時得以安頓。很久以後我才知道，從世界各地來到感官花園工作的夥伴中，只有幸運的我住過主廚的家。

我不懂法文，Jacques不會講英文，兩個人不容易溝通，但他就像爸爸一樣非常照顧我。我一住進他家，Jacques就幫我準備了一床棉被、一台小電視。這樣我回家睡覺時有棉被蓋，放鬆時有電視看，他還帶著我去買了一輛腳踏車，「以後你就可以騎著它上班了。」Jacques的話不多，但一舉一動都充滿關愛，著實讓人在異鄉的我倍感溫暖。

隔天一早，我就到感官花園報到。Jacques和Laurent雖然是雙胞胎，但個性卻南轅北轍，而他們在廚房負責的職務正像極了他們的性格。哥哥Jacques熱情又貼心，負責餐廳的海鮮和甜點。負責前菜和肉類的弟弟Laurent則紀律嚴明，要求精確完美，非常有威嚴。兩人一柔一剛，可說是最佳拍檔。

在感官花園工作的七、八年時間，我不僅向他們學藝，也受兩人的生活態度影響很大。放假的時候，Jacques會跟我說，「André，明天休息，我帶你去戲劇廣場（La Place de la Comédie）玩，那裡有十九世紀的加尼耶戲劇院（Opéra Garnier de Paris），還有智慧三女神（Trois Graces）噴泉！」就這樣，在Jacques的帶領下，我看了不一樣的人，認識不一樣的東西，完全見識法國當地的文化！

Laurent 則是廚房裡的「王」，他說的話就是唯一的法律。他說菜要切兩公釐，就只能切兩公釐；湯要熬十分鐘，就只能熬十分鐘；早上六點開工、凌晨一點打烊，所有人沒有第二句話，六點整全員到齊，凌晨一點才關門走人。Laurent 幾乎是我認識最嚴肅又嚴格的人，在他的廚房裡，每分每秒、一分一毫都必須計算到極精準，不容許失誤。「士兵的責任，就是學習與服從。」Laurent 這麼說，他的規矩誰也不能挑戰，嚴厲到讓人幾乎快喘不過氣！

下班後與 Jacques 的相處則是一百八十度大反轉。Jacques 會跟我聊一些很輕鬆的話題，有時我還無法轉換在廚房裡的情緒，他總是笑笑地說，「在家就要盡量放鬆，聊些輕鬆的事嘛！」Jacques 還會教我餐廳裡學不來的事，好比他一有空閒，就會帶我逛藝廊或聽音樂會，一派感性的生活風格，無形中也豐富了我的藝術涵養。

Laurent 曾對我說，「André，我希望你凡事都要做到完美，即使『完美』是不存在的。」而 Jacques 會對我說，「André，你要時時注意周遭環境變化，訓練敏銳的觀察力，不論是對人對事，對待藝術也都要如此。因為我們做菜，其實就是藝術的一部分。」

就這樣，上班的時候，我跟著弟弟繃緊神經學習料理；下班了，我就和哥哥一起學習如何生活。這種上下班完全相反的「雙面生活」，無形中對我往後的工作態度與生活方式，造成「理性」與「感性」兩種截然不同的模式。

在感官花園的那七年，為了滿足兩兄弟對我的期待，我的學習力、執行力和抗壓力都被訓練得很強韌。我在他們身上學到精闢的料理技藝，更見識到法國人對工作的熱情與執著。如今我常常覺得，自己好像擁有他們倆的風格和性格，大概是Jacques和 Laurent 的合體，造就了現在的我吧！

與馬鈴薯對話

第一次踏進感官花園廚房，感覺就好像作夢一樣！「這是台灣來的André，從今天開始，他要加入我們的廚房，和我們一起工作！」Laurent為新加入的我做了簡單的介紹。

當年的感官花園不僅在法國頗富盛名，更是米其林數一數二的頂尖餐廳，有資格進入餐廳廚房工作的人，全都是來自世界各地的超級廚藝菁英。

從「夢幻廚房」的感動中回神，我定睛一看，偌大廚房內，三十多位穿著純白廚師服的廚師，清一色幾乎都是金髮碧眼、輪廓深邃的歐洲人，其他則來自西班牙、義大利、比利時，甚至遠從美洲來的都有，唯獨沒有黃皮膚的亞洲人。「難道我是感官花園廚房的第一個亞洲人？」我心中漾起一絲得意的竊喜。

但不久之後，我馬上感受到大家質疑的目光，「為什麼這個黃皮膚的人可以在這裡工作?他有什麼能力?還是靠什麼特殊關係可以到法國來？」剛才冒出的小小喜悅，瞬間化為一股莫名的沉重。

打完招呼，每位廚師隨即回到各自的工作崗位。看著他們熟練的動作，我清楚意識到這裡不只是個夢想中的廚房，還是一個「夢幻團隊」。隨便一個做雜役的員工，可能就是他們國內數一數二的大廚。這裡，就像武俠小說裡形容的一樣「臥虎藏龍」。

我的直覺沒有錯，能到這裡工作的廚師都是各地頂尖的一流廚師，他們自願放棄原來的高薪高成就，和我一樣懷著「朝聖」般的熱情來到這個廚房，儘管只能領微薄的薪水，甚至沒有支薪都無所謂，為的就是要經歷這樣難得的學習過程。包括我在內，每個進到感官花園的人，不管先前的職位有多高，只要一踏進這個廚房，一切歸零，從原點開始。

我也驚訝地發現，曾經被尊崇為法國米其林史上最年輕廚師、料理已臻完美境界的 Jacques 和 Laurent，竟然也和大家一樣每天一大早就來上班，忙碌地準備一天的食材，親手製作一天的料理。從開店到打烊，他們和大家一樣，忙到深夜一點才回家。

主廚以身作則的榜樣，讓感官花園的每位員工，即使一天工作十六個小時，也絲毫不抱怨喊累。「這是在其他餐廳看不到的景況！」第一次目睹整個團隊通力合作、上下一心的熱情，我很慶幸自己做了正確的決定，飛到法國感官花園，成為他們的一員。

然而，我在感官花園的起步真的非常艱辛。剛開始甚至連爐子都碰不到，我在廚房的角色就像個「垃圾桶」，別人不想做的事情、忙到沒空處理的東西，統統丟給我做，而我只能全然接受。除了最基層的打掃清潔工作，每天我必做的一件事，就是削馬鈴薯，煮馬鈴薯，這個看似單調簡單的工作，卻讓我發現不少樂趣。

很多人懂得做高貴的鵝肝料理、松露料理，但卻不一定能煮好一顆馬鈴薯。馬鈴薯是隨處可見再平凡不過的食材，卻也因為它的簡單，人們常常忽略對它的了解，往往煮得不好。

當時我一句法文也不會，根本交不到朋友。唯一可以對話的，大概就是馬鈴薯了吧。馬鈴薯有大有小，品種不一，所以在煮一大鍋馬鈴薯的時候，不同大小、品種的馬鈴薯，煮熟的時間就不一樣。小顆的必須先撈起來，稍大個頭的馬鈴薯則必須多煮幾分鐘；加上不同品種的煮食時間又不相同。就像同一個家庭的小孩，雖然是同一個媽媽生的，但高矮胖瘦，甚至是脾氣性格完全不同，都必須用心地觀察，給予最適切的關懷。

也就是說，馬鈴薯一次下鍋，但撈出來的時間卻充滿學問。因為長時間的觀察與摸索，慢慢地我對每顆馬鈴薯都有敏銳的直覺。哪一顆要起鍋，哪一顆還要再多煮三分鐘，小顆一點的只要再過半分鐘就可以撈起。我全都心知肚明。到了最後，一大批馬鈴薯下鍋，我彷彿可以看到每顆馬鈴薯上都標示著不同的起鍋時間，五顆馬鈴薯下鍋，我就能看到五個時間表。這，就是我與馬鈴薯之間的對話。這份只有我跟馬鈴薯之間的「默契」，是我投注兩年的時光所培養而來的。

雖然我很會煮馬鈴薯，但對深奧的法式料理來說，那當然是不夠的。就像學亞洲料理，第一件事是先學會洗米煮飯，很會煮馬鈴薯也只是進入法式料理最基礎的第一步而已。那麼在法國這段時間，我要怎麼樣才能做得比別人更好？這是打從我進感官花園廚房後，七年之間不斷思考的問題。

因為並不是在法國當地「土生土長」，先天環境已經不足，更需要靠後天努力去彌補，唯有投注更多的精力與時間，才有機會迎頭趕上。這個體認，讓我在法國習藝的期間兢兢業業，沒有一分鐘鬆懈。而在米其林廚房裡，每一個人都是菁英，能在這裡生存的人，都有出眾的優秀才能。在這場頂尖菁英的競賽中，能與他們齊頭並進已經很不容易了，想要再超越他們，更是一大挑戰。

然而初到法國的第一年，實在特別艱苦。因為一句法語都不懂，有時主廚已經開罵，罵得臉紅脖子粗，我仍然聽得「霧煞煞」。有時候甚至主廚已經氣得拍桌跳腳、摔鍋盆，我還是搞不清楚狀況。這種時候尤其苦不堪言，好像在看一部外國恐怖片，震撼的音樂、高潮迭起的情節在在都告訴你，喜歡的主角即將要發生很可怕的事，但身為旁觀者又聽不懂劇情的我，卻只能在一邊乾著急。

有時壓力大到快崩潰，什麼事也做不了，只能用力握著拳頭，緊閉著嘴，壓抑住快要掉下來的眼淚。眼明耳聾的世界，什麼都不理解，真是最可怕的夢魘。這一年，我吃得很多，但卻整整掉了十六公斤。

我回想起台灣的廚房長輩常說，「哎呀，這個人沒有功勞，也有苦勞。」意思是說，儘管這個人沒有什麼功業，但仍然是肯苦幹的幫手。二十出頭的我，年紀輕，不會講法文，技術普通，如何才能讓別人感覺自己有存在的價值？不如聽從老長輩的話，即使現在沒有功勞，我也要當一個有苦勞的人。

每天工作十六到十八個小時，一天平均睡眠只有三到四個小時，連休假都在上班，一年三百六十五天，我沒有一天偷懶休息。主廚若要求三點到，我就一點到；如果有人一點到，下回我就提早在十一點到。別人做的事，我跟著做，別人不做的事，我也做。我的睡覺、休息時間都比別人少，「勤能補拙」成了我唯一的武器！

曾有朋友問我，「André，你為什麼要這麼拚命呢？」我覺得如果自己很渴望在一個陌生的環境生存下來，就像電影《飢餓遊戲》一樣，一定要有一項比別人強。初來乍到的我幾乎沒有任何競爭力，如果連全力以赴、咬牙苦撐都做不到，那就別玩了，肯定馬上被淘汰。

而我唯一真正在意的是Jacques和Laurent的感受，他們對我要求嚴苛，

不過卻從來沒叫我離開。既然他們都沒有放棄我，為什麼我要先放棄自己呢？因此我不斷向自己喊話，「我不會輸，也不能輸。」

工作辛苦、無法與人正常交談，同事用異樣的眼光看我，但只要 Jacques 和 Laurent 支持我，這些我都可以忍受。我告訴自己，雖然語言、技術、文化條件上，我比別人不足，但我還有個強處——我可以花比別人更多的時間來努力。我很清楚現實的狀況，在感官花園，只有菁英中的菁英才有資格生存下來。因為它是法國最好的餐廳之一，不適任的人，下一季就會被淘汰。這裡每天都有上百個人來應徵，**「沒有實力，就沒有存在的意義。」**

既然離鄉背井，就要全力以赴，而且也只能全力以赴。我放棄「台灣最年輕的法國餐廳主廚」的頭銜，來到這個夢幻戰場，就要**把自己化為一塊海綿，全心全意吸收所有技藝。我面對現實，不好高騖遠，全心地把自己交給這個環境。**後來我也明白，其實不管到哪裡，只要進入一個新的環境，就要百分之百地投入，沒有懷疑、抱怨，沒有一點點個人意見，才有可能戰勝最初的艱難挑戰。

米其林美味探索之旅

在雙子星兄弟的廚房工作一年以後，我領到了第一份薪水。「André, Well done！（表現得很好）」發薪時，主廚拍拍我的肩膀。

那一刻，是我至今仍然難以忘懷的珍貴時刻。這份薪水代表我的價值，也就是說，我在感官花園工作的表現，已經達到某種水準——被主廚肯定的水準！

對我來說，這個肯定的意義何其重大。每年都有上百個人擠破頭要進感官花園工作，就算沒有薪水，只要是這裡的一分子，就是一種榮耀。而來到這裡的一年後，我居然能領到薪水，對我來說，那真是「不得了」的肯定。這一刻，同事們一改以往的質疑，對我投以羨慕的眼光。

其實確切的薪資，無論在當時或現在都算很低，即使如此，從第一份薪水，到之後的每一份薪水，我都把它們全都投資在與料理有關的事物。存錢對我來說並不重要，重要的是在法國這段時間，我要如何投資自己的料理技藝。

其中，在法國拜訪米其林餐廳，成了我最重要的功課。那時候吃一頓米其林料理，加上車資和最簡陋的住宿，幾乎就快花掉我一整個月薪水。儘管一個月只能吃一次，拮据到極點，我還是樂此不疲。

錢不夠多的情況下，為了實現「米其林探索之旅」，我會事先調查這個月想去品嚐的夢想餐廳，蒐集資料，規劃行程表，然後在每個月的領薪日，搭乘便宜的夜車或是跟朋友一起開車前往，總之儘可能減低車資。為了這個奢侈的探索之旅，我平日省吃儉用，休假的時候，不跟朋友去夜店玩樂，也不買其他娛樂用品，而是將所有錢存起來，每個月盡量都安排吃一次米其林餐廳的美食。

存錢對當時的我來說，並沒有什麼意義，我最重要的目的是要利用在法國的這段期間，短則兩、三年，長則七、八年，培養自己的實力，因此每一分鐘、每一分錢，都必須發揮淋漓，因為這可是我一輩子最最關鍵的黃金學習期。

米其林餐廳裡的一客餐點少說要兩、三百歐元，儘管我的口袋已經沒有預算，最終可能連坐車回家的錢都不夠，但既來之則安之，我一定會點最有價值的菜色。這三百歐元，每一分錢都要用到極致，達到最高的效益。

於是，我會細細品嘗每一口料理，並且把每一道菜的小細節全烙進腦海，回到家，我會透過畫筆，把每一分味覺和料理的內容精準地描繪下來。如此不僅加深了品嘗的印象，更訓練我快速抓到美食的重點，這三百歐元就像繳學費一樣，我必須一一消化這些美味佳餚，內化為知識的養分。

剛開始，我從米其林三星餐廳開始吃，吃完了以後，就接著吃米其林二星和一星。透過這場探索之旅來體會法國料理的深意，什麼樣的料理、什麼樣的味道，才是美好的、道地的？什麼樣的料理才有資格被稱作米其林三顆星、兩顆星、一顆星？什麼樣的味道，是三顆星的味道；和兩顆星的味道，差別又在哪裡？我不是主觀地以自己有限的知識去判定我喜歡或不喜歡這道菜，而是「把料理當作學問一樣在探究和挖掘」。

事實上，我一直很清楚自己要什麼。小時候辛苦的打工經驗讓我明白，賺來的每一分錢，應該要用對地方，這不是小氣，而是花到刀口。也因此我對花錢這件事非常有計畫，絕對不是找個名氣餐廳，買瓶推薦酒，凱子般地吃吃喝喝，吃飽喝足就了事。

我跑遍法國各地，去最好的餐廳，點最好的料理，詳細記錄心得以及過程中延伸的靈感。打開筆記本，裡頭畫滿了探索之旅中我所吃過的每一道菜，菜色擺飾什麼花草，採用什麼醬汁調味。有時候也到酒莊喝珍藏美酒，透過實地的品飲經驗，擴大自己對料理的視野與認知，毫不浪費每一分辛苦賺來的錢。

一點一滴，都內化為無形的實力，我深信有朝一日，我一定能將這些知識化為自己的料理！在感官花園賺來的錢，幾乎都這樣花掉了。直到離開法國前夕，我身上一毛錢都沒有，荷包扁扁，兩袖清風。但是我知道，我讓自己成了一座豐盈的寶庫，心境非常富有。

小倉庫裡的紅酒香

在感官花園工作一段時間後，廚房裡又來了一位黃皮膚的日本人，他的名字叫岸田周三，後來我們兩人成為很好的朋友。他是位非常優秀的廚師，現在在日本開設的「Restaurant Quintessence（事物的本質）」法式餐廳，也獲得米其林三星的肯定，我們至今仍保持密切聯繫。

當時我在感官花園已經待了好一陣子，比我晚進來學藝的岸田周三，如同我剛進來一樣也是從沒有薪水開始做起。他的法文不好，而我剛好會一些日文，於是我就像大哥一樣照顧他。

那時候，雖然我已經開始支薪，但薪水少得可憐。為了節省開支，剛開始我們倆住在感官花園廚房後面儲放米、麵粉和食糧備貨的木造倉庫。我和岸田兩個黃皮膚的窮小子，就睡在這座擠滿雜物的免費小屋。我們的「床鋪」很簡單，床的位置就在大約一人可以通行的走道上。晚上工作結束，我們就在走道一前一後擺上兩張單人床墊，把這裡當成「臥室」。睡在這裡最大的好處是不用付租金，但這個「宿舍」除了兩張床墊，其他什麼東西都沒有。

那時候的日子過得很辛苦，一早起床睜開眼就是工作，直到深夜才下班，下班回倉庫就是睡覺。我們經常一整天，甚至一整個星期都沒有離開過餐廳，活動區域就是倉庫、廚房，廚房、倉庫，連一步都沒踏出餐廳大門。

但是我們兩人都對做菜充滿熱情，雄雄鬥志讓我們無視任何困苦。累了，彼此互相打氣；病了，我們互相照顧，兩個黃皮膚窮小子惺惺相惜。

為了要維持頂級招牌，感官花園所有食材一定都是要最新鮮的，不能有一點點瑕疵，賣相不好、味道不成熟的統統一概淘汰。餐廳經常在週末時清出一整個禮拜的淘汰品，照理來說必須全部清除，但有些東西丟掉實在很可惜。好比龍蝦，龍蝦的鉗子和身體之間有兩段肉，但因為口感不夠好，比較高級的餐廳都是不用的。

我們倆就會向主廚問道，「Chef，這東西可不可以讓我們帶回去吃？」當主廚同意後，我們就會私下把它當作炒飯的配料，炒起來可是芳香四溢，讓我們吃得津津有味。

法國料理中，品酒是一門很重要的學問。我不是嗜酒的人，但為了了解酒與菜色的搭配，我也投資了很多精力與金錢。而最讓我難忘的品酒經驗，就是在感官花園跟岸田一起當學徒時發生的故事。

休假時，我們最常做的事就是去當地有名的酒屋看看各式各樣的酒。我們總是會在店裡待上很長時間，觀望架上一瓶又一瓶的酒，然後兩人熱切討論。

「嘿，岸田，快來看，這是隆河區的酒耶！」

「André，這瓶酒我在書上看過介紹！很有名喔。」

像發現金礦般，只要看到一瓶好酒，兩個窮小子就忘情地站著討論很久，完全無視其他人的眼光，好像這個賣酒的店是我們開的一樣。

有一次，我們驚喜地發現架上擺著一瓶專家推薦的「傳說中的夢幻美酒」，我們興奮不已。然而一看標價，唉，那可不是我們買得起的酒。

「請問，這就是那瓶傳說中的夢幻美酒嗎？」我向服務人員詢問。

「沒錯，就是這瓶。我們店裡也只分配到這瓶呢！」店員親切地向我們解釋。

「我有一百二，你有多少錢？」我轉頭問岸田。

「八十塊。」岸田掏出荷包裡所有零錢。

「那還是不夠！」儘管依依不捨，但我們最後只能把酒擺回架上。

接下來幾個月，我和岸田拚命存錢。為了怕酒被別人捷足先登，我們一放假就會往那間店裡跑，看看那瓶酒還在不在，並詢問店員很多問題。最後兩人總是互看一眼，再次不捨地擺回架上，就這樣連續三個月。

直到有一天，我們終於把錢湊足，一放假，兩人火速往店裡奔去，開心極了。幾個月以來，店員早就認識我們，看到我們又來了，笑一笑也沒說什麼。

「我們要買這瓶酒！」我和岸田把存了三個月的錢，從口袋裡掏出來，一把放在桌子上。

「恭喜你們！沒問題。」店員好像也替我們鬆了一口氣。

終於可以把這瓶傳說中的夢幻美酒買回家了，我和岸田忍不住笑開了眼。

我們小心翼翼地捧著這瓶垂涎三個月的美酒，快步回到窩居的小倉庫。兩人面對面，席地而坐。這「啵」的開瓶聲，真是人世間最浪漫的聲音。

酒香瀰漫在小小的倉庫，我們把酒倒入兩只餐廳裡擦得晶亮的紅酒杯，在昏黃的燈光裡，你一口、我一口地品飲起來。我們喝得很慢，感覺這瓶得來不易的酒，彷彿特別多了一種幸福的味道！

我們一邊喝，一邊寫筆記，兩人寫完了以後再互相交換心得。

「這瓶酒，你覺得搭配什麼最好？乳鴿嗎？」

「我覺得配蝸牛也不錯！」

這就是我們品酒的方式，我們席地盤坐在小倉庫裡，用最好的水晶酒杯，品嘗最美好的法國葡萄酒。喝完了，心滿意足往地上倒頭就睡。這一晚，舊舊破破的床墊，似乎多了一股浪漫的葡萄酒香。

回想起來，那個時候的日子雖然很苦，可是我們對料理的熱情讓我們即使天天二十四小時工作也不厭倦，充滿單純的幹勁與喜悅。

熱情非常重要，當你對一件事有熱情，你就能超越所有的苦。如果對一件事沒有特別感覺，只是一份工作，就會經常感到辛苦，甚至厭倦。所以找出自己的熱情所在非常重要。雖然一開始可能不明白自己對什麼有興趣，就像我起初也不知道要往料理這條道路走，但一定要試著去嘗試、摸索，找出自己最適合最想走的路，然後大步勇敢地邁向前吧。

我的法式生活

剛到法國生活，一天二十四小時都沉浸在法國料理的世界，那時每天醒來的感覺都像作夢一樣，充滿不真實的興奮感。

我知道自己不可能永遠都待在法國，總有一天要離開，但希望那天到來的時候，我已經做好十足的準備，唯有如此，才不會辜負感官花園對我的栽培。所以只要在這裡的一天，我一定要善用每一分鐘精進法國料理廚藝。

除了精湛的技藝之外，法國料理到底是什麼呢？對我而言，「生活的內涵」才是法國料理的精髓。於是我跟著法國朋友，展開這樣道地的法國生活。

早上起來，我會去逛法國的早市，紅、黃、綠、白的食蔬令人目不暇給。起司、牛奶、培根、臘腸的香味，好像在鼓舞一天的元氣。我吃完簡單的法式早餐配咖啡，漫步在街道，人聲、腳踏車鈴聲、橄欖樹隨風起舞的葉子沙沙聲……每一個角落、每一道聲息，在在都是法國獨有的浪漫優雅風味。

就是這樣，努力把自己當成一個「法國人」，徹底融入其中去過法國人的每一天。完全不去想原來的江振誠在做些什麼，我要把所有法國人從小到大的生活都經歷過一次！

哪些事是法國人自豪的傳統呢？比如打獵、釀酒、採葡萄、採香菇、養鍋牛都是法國人從小到大必須經歷的習俗。這些當地人才會做的活動，雖然辛苦粗重，但卻對我散放著迷人的吸引力。

我每個禮拜只休一天假，假期前一天最忙碌，幾乎都要工作到凌晨一點。其他同事大都趁著休假日好好補眠，睡到日上三竿，把一個星期以來的疲乏補回來。我是唯一的例外，因為我在跟光陰賽跑，希望把在法國的五年、十年，當成二十年、三十年來體驗，怎麼捨得把大好時光拿來睡大頭覺呢？

我到鄉間去打獵，凌晨四點就要集合，比上班時間還早，如果我在休假時安排打獵，等於前一晚只能睡兩小時，但是我甘之如飴，因為經驗難求。我們跟著獵狗快速追逐，輕聲移動，嗅聞泥土找尋動物的足跡。

除此之外，我也去摘松露。長在特定樹林裡的松露，必須靠嚴格訓練的雌豬和狗才能找得到，不過如果靠雌豬來找尋松露，就要盯緊小豬的一舉一動，否則一個不小心，珍貴的松露很容易被開心過頭的小豬一口吃掉。這些體驗雖然耗去我很多體力和時間，但我卻從其中發掘法國人最真實的日常生活。

直到現在，還經常有許多法國人問我，「嘿，André，你怎麼知道那麼多法國典故？這麼古老的事，連我這個道地的法國人都不知道呢！」

除了法國的生活，那麼法國的口味呢？最初來到這裡，我就告訴自己，既然要到法國學料理，我就要變成一張白紙，擺脫以往的喜好，清空腦袋，遺忘原本的味蕾。也就是說，從現在開始用全新的方式思考，才能夠融入法國人的世界。重新歸零的改造過程看似簡單，但要打破既定觀念，其實一點也不容易。

宛如一場腦內大革命，早期有很多東西的口味我無法接受，但只要法國人說「這東西好吃！」我就告訴我的大腦，「沒錯，這個東西是好吃的。」

但是「好吃在什麼地方呢？」我必須給自己找一個合理的解釋，比如羊起司的味道，亞洲人無法接受，覺得又濃又腥，味道太強了。但法國人卻很喜歡，「喔，這味道真好！」我必須從中找到一種說法，對大腦解釋，「羊起司很濃、很香，味道美極了，法國人就喜歡這個味道，不要懷疑。」

我催眠自己去了解法式美味的意義，完全不以固有的成見、個人的角度批評任何一種料理，發自內心地全然接收。法國人覺得好吃，就是好吃。法國人說這種鴨肉一定要搭配哪種酒，那麼肯定沒錯，一定要這麼搭配。我就是透過這種強制的改造來重建我對食物的品味。從「一個到法國習藝的台灣人」逐漸變成「一個法國人」。

法國還有另一個吸引我的地方，就是法國人對事情的堅持與執著。這個特質讓生長在台灣、習慣快速變動的我感到非常不可思議！

剛到法國時，我在里昂的街上發現一間很有名氣的麵包店，這間店的麵包師傅採用炭火來烤麵包，因此每天在烘焙麵包的時候，整條街都會彌漫一股質樸溫暖夾雜炭火與麵包的香氣，好聞極了！

直到最近我重回里昂那條舊街道，十幾年過去了，麵包店依然準時開門營業，同一個老闆用同一種方法製作這種炭烤麵包，而那股香味竟然和記憶中里昂老街道一樣不曾改變，也不會改變。熟悉的炭烤麵包香，對舊地重遊的我來說彷彿是另一種路標，為我指引「回家」的路。

法國人的執著與堅持，我在恩師雙子星主廚身上更是領略至深。有一陣子，每天工作超時，我身心疲累不已。有天收拾好工具準備下班時，卻看到主廚兄弟還在整理善後。已經是世界名廚的兩兄弟，每天還是有如上了發條的時鐘，準時上班，深夜下班，每天工作十六、七個小時，從不喊累。他們都已經到達如此地位，仍然持續在堅持，我當然要撐下去。在他們身上我看到「成功的背後只有堅持，沒有僥倖」。

從那一刻起，我不再埋怨。

法國人認為一個人堅持一種理想時，只要全心全意投入，自然就會散發出一股光芒，這樣的熱情會讓人全身發熱，會讓時間停格，就像日本人常說的「一生懸命」。而我們呢？

莫・忘・初・心

- 只要我把百分之一百二十的努力都拿出來，那就沒有什麼是克服不了的難題。
- 沒有實力，就沒有存在的意義。
- 把自己化為一塊海綿，全心全意吸收所有技藝。我面對現實，不好高騖遠，全心地把自己交給這個環境。
- 成功的背後只有堅持，沒有僥倖。

Chapter —— 5

殺手出任務。

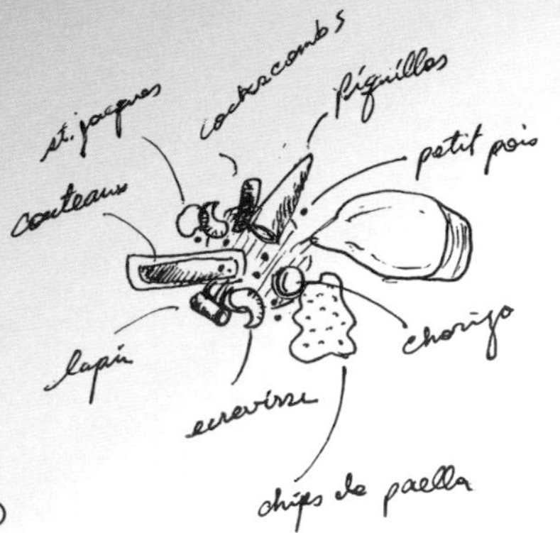

generasity, colorful, creative is the word for south, and that's also what this dish stands for.

殺手，就是我

我在法國有個綽號叫「TUEUR」，翻譯成英文是「KILLER」，也就是「殺手」的意思。這個綽號，一方面是來自長期以來維持的平頭造型，看起來殺氣騰騰。另一個原因，則是因為我面對工作總是一絲不苟，從不嬉皮笑臉。在感官花園裡，對於主廚賦予我的任務，我永遠不會多問「為什麼」，更不會找理由推託，「唉，有困難，做不到。」我，永遠都是完成任務的那個人。

「André，你明天到巴黎分店去支援幾天！」主廚交代。

「沒問題！」我立正站好，確認地點點頭。

在感官花園工作第三年，我第一次接到主廚委派的任務。那時候，我一字一句拼學出來的法語，已經進步到可以與人流利交談；而我在廚房的地位，也因為日夜毫不鬆懈地努力工作，晉升成為主廚的重要副手。

這一年，除了在蒙佩里耶的感官花園總店之外，Jacques 和 Laurent 也在法國首都巴黎開設第一家分店「Maison Blanche」。這家店的位置極佳，坐落在巴黎最奢華的蒙田大道上香榭麗舍劇院頂樓七樓，擁有

二、三十位廚師的編制，外場滿座大約可容納兩百位客人，屬於旗艦型的代表餐廳。店內兩層樓的挑高裝潢設計，簡約優雅又不失現代感。尤其居高臨下的視野更讓人驚豔，大片玻璃窗望出去，巴黎美景盡收眼底，讓人心生嚮往的艾菲爾鐵塔彷彿就在眼前。

巴黎頂尖的時尚人士都很喜歡這間餐廳，許多名媛仕女在蒙田大道上血拚後，喜歡走入 Maison Blanche 享用美食，為一天畫下優雅的句點。因此這家店的菜單和蒙佩里耶總店的風格不太一樣，走的是比較輕鬆隨興的氣氛。由於店務擴張的關係，感官花園的師傅們分身乏術，我出任務的機會因此增加了許多。只要主廚說巴黎分店需要支援，我便火速飛往巴黎。主廚會建議我，工作結束後先在巴黎休息一晚，隔天晚上再回來。但我總是告訴他：「結束後我會坐早上第一班火車回來，然後直接進廚房，應該趕得上午餐。」

有時候主廚會下達臨時命令：「André，我們要到荷蘭做一個表演。」除了國內的店務，主廚開始委派我協助他們執行國外的業務。

「菜單是什麼？幾天？有多少人？」我扼要地詢問重點。

「這次的菜單我想做……」主廚一邊說，我一邊拿出隨身小筆記本快速記錄著，「好，晚上我就把所有東西準備好！」出發前，我已經把相關事宜全部安排妥當。

另一次，他交代一場兩百人宴會的任務給我，我在宴會舉行的兩天前，就先飛到表演飯店，將食材、調醬、擺搭、舞台、燈光等所有準備事項先安排就緒。等主廚在宴會開始前抵達，馬上就可以正式上場！

每一次任務的每一個細節，我都很嚴肅看待，認真執行。那段時間，我隨時隨地都提醒自己，「江振誠，你的每一分鐘都很寶貴，沒有時間可以浪費。」我腦子裡唯一的認知，就是「使命必達，完成任務」！我對雙子星指派的每一項任務和挑戰都「樂在其中」，因為Chef的信任，願意賦予重任，所以我更加珍惜每一個表現的機會，全心全意投注心血。當我全神貫注、不苟言笑時，這種嚴肅的神情常讓人覺得難以親近。但我一點也不在意這個「殺手」的形象，重要的是，收到指令，完成任務。有如殺手般的快、狠、準，我，就是這樣的人。

Make it happen! 讓它實現！

我是感官花園的廚房裡，第一個以亞洲籍身分得到重用的主廚。

時光飛逝，到感官花園工作的第七年，我被拔擢為感官花園的執行主廚，這個職位僅次於 Jacques 和 Laurent 兩兄弟。簡單來說，哥哥 Jacques 負責外場，弟弟 Laurent 掌管後場，而我的職責就是統率廚房裡的三十五位廚師，向 Laurent 負責。

餐廳開門營業前，我必須把後台出菜的所有事務準備妥當，等餐廳大門一開，客人開始點菜，讓接下來的出菜流程順暢無誤。就這樣過了幾年的時間，我對廚房的掌控度越來越嫻熟。

那一天，Jacques 和 Laurent 兩兄弟慎重地把我叫到跟前，「André，我們有一個 Project，而這個 Project 是屬於你的。」任務還不清楚，但一股莫名的緊張感從內心湧出。我沒有答話，專注聆聽主廚準備交代的任務。

「我們準備在亞洲開設第一家感官花園分店！」兩兄弟停頓，嚴肅地注視著我，然後緩緩開口，「店要開在東京，而這個 Project 是屬於你的。」

我完全說不出話，腦海裡飛過千百種想法：我要如何開始？以後會出現什麼挑戰？我要如何正面迎戰？主廚彷彿知道我在想什麼一樣，只說了一句話：「André, Just make it happen!（讓它實現）」

以往主廚交代任務，多少會指示一些注意事項，但這一次，他們卻不再多說，全部放手交由我來做。我心底明白，這是因為他們完全信任我，覺得我已經長大，可以自己做決定。一句「Just make it happen」，沒有要求，沒有局限，就像一個 Open book 的考試，完全讓我發揮。此時此刻，我的內心交織著緊張、興奮又期待的情緒。

那一年，正值西元二〇〇〇年，是全世界熱烈展開慶祝的千禧年，也是另一個新世紀的起始年。收到指派的我，正要「獨當一面」。套句台灣學徒最期待的一句話，「我可以出師了！」雖然我一直認為沒有所謂的「出師」這件事，因為學無止境。

就好像千里馬遇到伯樂，我不知道自己的極限在哪裡，但背後總有一

股驅動力，不斷推動我往前邁進，鞭策我突破極限。打從新指令下達的那一刻，我的腦筋完全無法停歇，湧上各式各樣的想法。

事實上，感官花園從法國延伸至亞洲市場，這種國際連鎖化的經營方式在當時是很大膽的嘗試。在雙子星兄弟之前，從來沒有任何米其林級的廚師想過要到國外開設分店。即使是被視為天王教父級的艾倫・杜卡斯（Alain Ducasse）或天才明星廚師若埃爾・侯布雄（Joël Robuchon），都不曾如此嘗試。雙子星這番舉動，完全打破「法國頂級料理無法複製」的傳統舊思維。

Jacques 和 Laurent 的想法和做法，在當時法國料理界掀起非常熱烈的討論，許多人抱持強烈的質疑，「米其林餐廳可以複製到飲食文化完全不同的亞洲嗎？成功機率會有多少？」但作風一向和一般傳統法國餐廳的經營模式大相逕庭的兩兄弟，這一次在推動亞洲市場的拓展計畫前，早已做了審慎的考慮與完備的功課。

感官花園雖然在巴黎設有分店，但畢竟位處法國國內，食材、人手、客群等主觀與客觀的問題都容易克服。如今要在十個小時飛程以外的日本開設一家正宗頂級口味的米其林法國料理餐廳，即使東京已是國際性大都市，然而亞洲的風土民情、飲食口味仍與歐洲差異甚大。這次被指派到海外開店的挑戰，對我來說就像以前的「十字軍東征」一樣充滿挑戰。

我可以用土法煉鋼學來的法文籌劃一間法國餐廳嗎？餐廳是什麼模樣？廚房要如何規劃？菜單要怎麼設計？……實在太興奮了，我完全無法入眠，好像只要一閉眼，我就少了一點思考的時間，我把所有想法記在紙上，一直寫、一直畫、一直寫、一直畫……

對我來說，這也是一種釋放吧。在法國習藝的這段時間，我的味覺已經培養出一種自然的反射狀態。以煮醬汁為例，主廚所調製的醬汁對我而言可能太鹹了，但我壓制住自己感官「太鹹」的反應，反而不斷自我催眠，「記住了，這才是對的味道！」

或者把某種起司拿給法國人品嘗，當法國人豎起大拇指說，「喔，這種起司，就是正統的法國味！」儘管我無法接受這麼濃嗆的滋味，我也不會反駁，而是要求大腦趕緊修正，「記住喔，這才是法國起司的味道！」

為了想做出真正的法國料理，我把自己變成一個「法國人」，完全融入法國的飲食文化，在某種程度上，其實我一直壓抑自己的味覺、嗅覺、感覺……甚至扭轉自己原有的想法。所以主廚這麼簡單的一句話，「André，這個 Project 是你的，把它完成！」就好像輕揮仙女棒一般，把我原來禁錮的「感官咒語」完全釋放。有了主廚的認可，我終於可以擁有自己的想法，全力施展了。

對於 Jacques 和 Laurent 的信任和器重，我充滿感恩。能雀屏中選被委派擔任先鋒的原因，是因為我是第一個來到雙子星廚房的亞洲人，雖然後來也有許多日本人加入，但以資歷來看，我對感官花園的營運和料理都有更透徹的瞭解。

正因為我來自亞洲，我比任何人都瞭解亞洲市場的需求。除此之外，我通曉中、英、日、法多種語言，也是能與各方溝通的最佳人選。當這個計畫確定要執行，雙子星主廚很快就決定，「André，沒有人比你更適合這個計畫，這是你的計畫！」

當時，Jacques 和 Laurent 已經規劃要在東京、曼谷、上海和新加坡四個大城市開設四家分店。而事後也證明，他們大膽而前衛的創舉，的確為法國的「米其林餐廳」開拓了新的可能。於是我在感官花園又多了一個頭銜——感官花園亞洲展店企劃總監，一張嶄新的美食地圖就在我的眼前，等著我大展身手。

亞洲地圖的四個夢

接下感官花園亞洲展店的重責大任後，我的第一個想法是，「他們給我這麼大的肯定，我不全力以赴不行！」主廚指派身為亞洲人的我來拓展法國餐廳，其實不乏質疑的聲音。一旦失敗，那些人想必會覺得，「哎呀，本來就該找個法國人來做，怎麼會找個亞洲人來負責呢？」

儘管一家餐廳的成功或失敗不會只有一種原因，但我知道外界批評的聲浪一定會先歸咎到我的「亞洲人」身分，先入為主地認為不是由法國人或歐洲人親手掌廚的餐廳，肯定少了法國味。所以只有全力以赴恐怕還不夠，餐廳招牌打的可是 Jacques 和 Laurent 兩兄弟的名號，這讓我的責任更形重大，要是做不好，豈不丟了他們的臉？於是我一再告誡自己，就因為我是亞洲人，所以這個計畫只能成功，不許失敗！

不論對我本身，或是對提拔我的主廚來說，這都是一個大賭注。而我只能接受一種結果，那就是「成功」。對於即將來臨的展店計畫，我付出百分之百，甚至是百分之三百的火力，勢必要在每個環節將能力發揮到極致。

除了完成任務的使命，我的內心深處還有另外一項企圖。來到東京，將是我暌違亞洲七年之後，最接近家鄉的一個城市，我真心希望能把最頂尖的世界料理，完完整整、原汁原味傳回亞洲，讓亞洲饕客們能品嘗到正宗米其林頂級料理的真髓。不只是蜻蜓點水般的表演式料理，而是每一天、無時差地享受道地的法國美味。懷抱著這樣的企圖，準備大展身手，一定要把在法國學習的經驗與能量，全部發揮出來。

感官花園計畫每一年都在一個亞洲大城市開設分店，選定的城市包括日本東京、泰國曼谷、新加坡和中國上海，初步規劃這四個據點，從店面籌備、設計、執行到人員訓練，全部由我一手包辦。而首要工作，就是要先構思展店企劃的雛型。

除了由我統籌負責整件案子，其他餐廳硬體工程建設，則由另一位從法國來的御用設計師負責，此人把關感官花園在世界各地的分店，以維持一定的品質。另外在開店後，總部會從法國派出一位駐店經理，管理外場業務。但店裡的大小事宜，仍全權由我負責。

雙子星這套經營管理學和台灣餐廳的經理管理模式不同。在法國，餐廳經營的所有事物都以主廚和料理為中心，主廚是一家店的靈魂，主廚的特質會影響一家店的風味與風格，也決定了餐廳的成功與否。

所以在法國要當一名廚師，必須多才多藝，學的不只有做菜的技術，管理、經營，甚至開店的設計、監工，從硬體到軟體，所有技術和細節，主廚都要了解和掌握。

首先要決定的，就是店鋪的所在位置。因為是米其林三星餐廳的國外分店，因此在地點上，必須具備米其林等級的氣勢，當然要選在 Prime area——精華區中的精華地段。因此，感官花園第一家亞洲分店，就選在日本東京的「天子腳下」天皇皇居正對面。

餐廳地點確立後，接下來的工作更忙碌，從找人、培訓、建立制度等等，可以說百事待舉。一向習慣親力親為的我，日夜緊盯進度，幾乎都沒有睡覺。現在回想起來，萬事起頭難，剛開始的那一步或許艱辛，但也最令人回味無窮，每一天的每一分鐘，都是一場考驗。

在店務籌建的過程中，我並不需要天天向 Jacques 和 Laurent 回報，他們習慣一個月左右來巡視一趟，詢問相關進度。而我主導幾間分店的籌建過程中，進度從未有任何延遲或耽誤，也從來沒出過什麼錯，我可以驕傲地說，「我是優等生！」

二○○二年，這間名叫「SENS & SAVEURS」的餐廳終於開幕了。位於千代區丸之內（Marunouchi）大樓三十五樓，視野極佳，不但與天皇皇居外苑腹地相鄰，也看得見東京鐵塔。丸之內是日本有名的商業街，也是日本知名企業三菱集團的大本營。走在丸之內，舉目所見都是漂亮新建築，有如現在紛起高樓的台北信義區。

二○○四年，主廚又派我到泰國曼谷出任務。我們很快在曼谷市中心區最知名的五星級飯店 Dusit Thani Hotel 開出亞洲第二家餐廳「D'sens」。這間餐廳一直是各地饕客到泰國非朝聖不可的法國料理代表餐廳。曼谷據點開幕不久，主廚與新加坡最大飯店集團萊佛士酒店合作，簽了兩年的合作契約，感官花園也在新加坡萊佛士飯店裡開設了一家分店。

然而感官花園在亞洲最引人注目的焦點，要屬二○○四年底，在上海浦西「外灘18號」開出的第四家分店。

二〇〇四年修復後全新開張的「外灘18號」，被打造為上海國際時尚名牌、美食、娛樂、藝術的新中心，一度躍上世界時尚生活藝文新聞的重要版面，上海人更得意地說：外灘18號重新定義了上海摩登新風貌。

「外灘18號」共有七層樓，餐廳位於接近頂層的第六樓，和亞洲其他分店選點的概念雷同，這裡視野一流，東方明珠塔、黃浦江畔新人家，各種建築層次構畫出上海新舊交融風貌。

引領法式料理潮流，餐廳受到熱烈的矚目，這不僅是世界米其林三星級主廚在大陸開的第一家餐廳，更象徵著上海的美食品味，準備躍上世界舞台。

在所有海外分店中，這家店的規模最大，共有一百三十多個位置，廚房裡的廚師高達七、八十名，一個晚上必須做出兩百多人食用的餐點，儼然是一個餐飲小王國，成為當時感官花園最具代表性的海外據點。

由於我們的籌備時間相當短，規模龐大，又要求達到法國總店的水準，加上中國正處在西式料理正要起步的階段，餐飲工作人員雖多，但要培育出感官花園所要求的「法式料理專業人才」，遠比在東京、曼谷和新加坡來得更艱鉅。

我先徵選上百位廚師，透過感官花園的制度培訓，再將不合適的人逐次淘汰刪減，去蕪存菁，最後挑出八十個優秀廚師進入廚房。

人才管理又是另一門學問。最早我們應徵這一百位廚師，有人有經驗，有的像一張白紙。第一關面試時，光是和應徵者對話，就讓我瞠目結舌。廚師各自操持著南腔北調的「普通話」自我介紹，我簡直像在聽外國人講話一樣，有聽沒有懂。單是要把這些來歷不同的廚師集合在同一個廚房，就不是件簡單的任務。

我該如何管理一百個人的廚房？正如同一百個緊緊相繫的齒輪，只要有一個人卡住，所有事情就可能停擺，後果不堪設想。身為管理者的我一定要確保每一個齒輪運作無誤，集中精神，視情況調度和支援，餐廳的流程才能運作順暢。因此在廚房，我一刻也不敢鬆懈，對大家非常嚴格。

不過，對下屬的任何要求我都先以身作則。比如在上班第一天，我就把一百多位廚師的姓名一個一個喊出來。這著實讓大家嚇了一跳，認為我是「天才記憶家」，其實我的記性也不是特別好，關鍵是對事物夠不夠用心，如果這件事很重要，就要努力去做。我沒有高超的記憶，就是強記、硬記，把每一個人的名字喊出來，就是要表現我的企圖與魄力。

另外，在廚房裡，「喊單」（喊出客人點菜的內容）這件事尤其重要。客人點菜，廚房裡瞬間湧入好幾張點單，這時是要先走A道菜，再出B道菜，或是先處理C道菜，每次情況都不盡相同，關係著出菜流程順暢與否。一個廚房就像一座工廠，烹調過程的每一個環節環環相扣，牽一髮而動全身。而廚房作業和機器工廠大不相同的是，客人的需求以及每日食材千變萬化，料理的烹調作業無法像工廠一樣套上固定模式，必須視狀況隨機應變。

因此，喊單者必須掌控住內外場所有狀況，讓大家的作業銜接在一起，才能在最短時間內端出最美味的料理。廚房要等聽到喊單，大家才會動起來，喊單的人被視為整個餐廳的靈魂人物。

在四家店的拓展過程中，如何讓分店與本店「異中求同」，也讓我費了許多心思。除了讓工作流程和動線擺設儘可能與法國本店一致，我還在廚房裡建立了「法語運作系統」，訓練廚師以法語溝通出菜的順序。最主要是我希望雙子星主廚無論到旗下任何一家分店視察時，都能迅速掌握餐廳的動線，也不會因為外文環境產生距離感，無法控制狀況。尤其是不常出國的 Laurent，我希望他不論在哪一個城市都不會感到不自在。

無論何時何地，管理者的思緒都要保持清晰而且細膩，才能知道自己要什麼、少什麼。否則只要一個問題沒處理好，發生連鎖反應，接下來就難以收拾。儘管上海餐廳規模龐大，但一切都在我的掌握之中，餐廳很快地就步上軌道，已經有三家分店經驗的我，此時充滿自信。

落跑新郎

談到殺手任務亞洲展店的過程，還有一段影響我後半場人生甚鉅的戲劇化插曲。

我人生中有幾個很重要的階段：在台灣的成長過程，媽媽的愛心料理埋下我對料理熱情的種子。之後我飛到法國向雙子星主廚學藝，這段歷練尤其是我踏進料理殿堂的育成期。

後來，因為料理的緣分，我認識了另外一位事業上很密切的夥伴——現在擔任 Restaurant ANDRE 副主廚的 Johnny。除此之外，我還結識了人生中最重要的伴侶——我的太太 Pam。

那一年，我奉雙子星主廚之命到泰國曼谷籌備分店。有一天，一位泰國美食界的友人來訪，我們聊完正事，朋友突然問我，「André，你到底有沒有女朋友啊？」

「沒有。」我坦白地說。

「你條件這麼好，怎麼會沒有女朋友呢？」朋友一副不可置信的眼神。

「我是來工作的，不是來交女朋友的。」很多人都不相信，但這的確是事實。我不在意地聳聳肩，微笑向她解釋。

後來，這位熱心的好友擔心我人生地不熟，便經常抽空帶我去曼谷品嘗不同風味的美食。有次我們坐著吃東西，我隨意翻看她帶來的一本雜誌，突然被裡頭的一張美麗照片深深吸引。

「她是泰國藝文圈著名的美女喔，很漂亮吧。André，你果然很有眼光。」朋友看到我被「釘住」的目光，滿臉笑意地對我說，「順便告訴你，她是我的好朋友！」我久久不能移開目光，似乎洩漏了我對這位美麗仕女的好感。

其實從到法國學藝開始，我從來沒有過「交女朋友」的念頭，因為我把所有時間都投注在料理這件事，哪有多餘時間談戀愛。但這一次，雜誌的這張照片彷彿一股電流刺激了我的感情禁區，這或許就是一見鍾情吧，心中有一股熱切的情感，被輕輕悄悄地喚醒。

朋友說，她很樂意介紹我和照片上的美女認識。就這樣，我認識了Pam。

Pam出身泰國的藝文家庭，她學過芭蕾，做過模特兒，也在知名雜誌社擔任過編輯，是一位很出色的才女。

我和Pam在相識的那一刻開始，就熱烈地談起戀愛。三個月後，我們決定結婚，攜手組織屬於我們兩人的「家」。朋友總是好奇地問我，「André，你的動作怎麼那麼快？」我笑著告訴他們，「因為我是目標型的人。」只要確定所愛，就不會浪費時間。

說到Pam與我決定廝守終生，其實是一段很有趣的過程。那時候，我們倆正處在熱戀狀態，有天我收到一則簡訊，打開一看，「André，你會娶我嗎？」

「OK啊！」我未經思索，馬上回傳答案。因為工作忙碌，我們那時約會時間並不多，但我心裡明白，Pam是我決定相伴長久的人，我的確是以結婚為前提和她認真交往。雖然不明白古靈精怪的她為什麼突然發這則簡訊，是好玩？還是試探？但我心意篤定，於是也沒多想就回應送出了我的答案。

第二天，Pam 跑來找我，「André，我已經跟我爸講囉！」

「講什麼？」

「結婚啊！」她睜著迷人的眼睛看著我，一副調皮模樣。

「啊，那只是一則簡訊！」我想起昨天的簡訊，抗議這太輕率了，我以為她只是玩遊戲，看來似乎中了她的「詭計」。

「欸，大丈夫一言既出，你可不能食言喔！」她指著我，笑眼中帶有少見的嚴肅神情。

我定睛看了看她正色道，「Pam，我對這段感情是認真的，我絕不會食言！」

於是事情發展像坐協和號高速飛機，很快地我去拜訪 Pam 的父親，我們就訂下結婚日期。

在忙碌與喜悅中，我的結婚大喜之日就要來臨。但就在結婚前一個晚上，當我想著明天婚禮上的大小事時，我的「殺手專線」卻突然響起，雙子星主廚從法國來電，「André，上海有個 Project，我們希望你過去！」主廚直接告訴我下一個執行的任務。

「OK！什麼時候？」我一如往昔沒有任何猶豫。

「你下禮拜就去！」主廚說得很乾脆。

「好，沒問題！」我的「殺手」作風再次展現。

掛掉電話後，我才意識到事情有點棘手。明天我就要結婚了，主廚卻要我下個禮拜飛往上海，也就是說我結婚不到五天就必須丟下新娘，離開泰國飛到上海開店，而且無法預知歸期。這個變化，不僅我自己始料未及，當然 Pam 也毫無所悉。

對於我即將結婚為人夫這件事，我並沒有告知雙子星主廚。一方面是因為這件事來得太快，連我都被沖昏頭。第二個原因，是因為我認為結婚是 Pam 和我兩人的事，最重要的意義在我們決定相互扶攜一起生活的承諾，並不需要勞師動眾、宴請賓客、昭告天下。舉行這些轟轟烈烈的喜慶形式，不是我的風格。

對於照顧我如父的雙子星主廚，我的觀念反而很傳統，他們是我這輩子最重要的恩師，以前我從未向他們說過一句「No」，未來也不會發生。因為「職業殺手」就是一個命令，一個行動，把任務完成，沒有其他理由，更不會說「現在不太方便」這種藉口，我自始至終目標明確，就是主廚一句話，我使命必達。他們對我也是一樣，雖然我從來沒有要求任何事，但我知道只要我開口，他們不會拒絕我。

眼前的困擾是身為新郎的我如果在結婚不到一星期就把新娘丟下，肯定會招來新娘一輩子的埋怨，而且這也是很不負責任的做法。這一夜，我輾轉難眠，思考著該如何解決這個困境。我決定採取最簡單的策略，如實向 Pam 坦承「下星期我要飛到上海」的決定。我明白這個做法充滿風險，很可能婚禮就此取消，甚至我和 Pam 的感情也無法再繼續。

然而我們都是成熟的大人，要攜手相伴終生，當然必須誠實面對難題與挑戰。因此，我決定直接向她說出實情。Pam 的反應果然如預期中一樣激烈，「難道開餐廳比我們兩人的結婚還重要嗎?!」她大聲抗議，完全無法理解我的邏輯。

雖然如此，我仍然沒有一絲絲改變決定的想法，因為我已做了最壞的打算。但我還是努力解釋：「Pam，妳必須了解，如果沒有雙子星，就沒有今天站在妳面前的André，就沒有我們的相識，就不會有這段感情。」我耐心地說明，正因為很認真看待這份感情，所以無法欺騙。這些都是事實，沒有雙子星主廚，就沒有我今日的成就。他們對我百分之百的信任，因此我也不能對他們給予的機會說「NO」，這是我的原則。

「不管這個婚結得成或是結不成，Pam，都由妳決定，我不會有任何埋怨。」我花了很多時間向Pam解釋，「但是，下禮拜我必須到上海是確定的。」我坦承了這個艱難的決定。

我寧可讓她事先知道，而不是先瞞哄著，等兩人結了婚「生米煮成熟飯」後，再讓她發覺我對工作的執著和堅持，讓她產生「現在結婚了，所以我已經沒有其他選擇」的怨嘆。我寧可讓她生氣，也不願意她後悔。

Pam最終還是體諒了我的選擇，我們順利結了婚，她甚至為我放棄工作，陪我到上海奮鬥。我的個性執著，工作時間又長，老實說，她和我結婚，需要很大勇氣，對此我點滴在心頭，內心只有滿滿的感激。

莫・忘・初・心

● 對於主廚賦予我的任務，我永遠不會多問「為什麼」，更不會找理由推託，「唉，有困難，做不到。」我，永遠都是完成任務的那個人。

● 就好像千里馬遇到伯樂，我不知道自己的極限在哪裡，但背後總有一股驅動力，不斷推動我往前邁進，鞭策我突破極限。

● 我珍惜每一個表現的機會，全心全意投注心血。當我全神貫注、不苟言笑時，這種嚴肅的神情常讓人覺得難以親近。但我一點也不在意這個「殺手」的形象，重要的是，收到指令，完成任務。有如殺手般的快、狠、準，我，就是這樣的人。

● 當我認同一件事，喜歡一件事，就會很專注地全力以赴。

Chapter 6

無與倫比的探險。

揮別感官花園

感官花園上海分店的營運非常成功，二〇〇六年，我因此獲得知名雜誌《Discovery》評選為「亞洲十大最佳青年主廚」，同時被頂級餐廳指南評選躋身「全球最佳一百五十位名廚」之林。然而人生沒有不散的筵席，收到這兩項珍貴的獎章後，我做了一個比「結婚」更重大的決定。

此時，巴黎、東京、曼谷、新加坡、上海等所有海外據點全都步上軌道，而且在我的領導下，成為當時最炙手可熱的餐廳。這是我被授權獨當一面之後，首度獲得世界級權威餐飲評鑑的肯定。坦白說，我對這項殊榮其實沒有太強烈的感受，因為扛著「感官花園」的旗號作戰，把每一項「任務」做到最好，本來就是我分內的事。

只是這三、四年以來，我馬不停蹄地在歐洲及亞洲拓展分店，幾乎全年無休地奔波忙碌，待在不同國度的廚房，除了工作，還是工作，廝殺打拚一年過一年，我成功扮演「殺手」的角色，卻沒有給自己沉澱的時間。

每當我站在每一階段的「高峰」，享受著眾人鼓勵的掌聲時，我總會提醒自己「莫忘初衷」，期許自己在追逐夢想的每一分鐘，不忘回到最初的原點，找回那份對料理的執著與感動。

一過完三十歲生日，我向待我如子的雙子星主廚兄弟提出辭呈，「只要你們需要我，給我一通電話，我立刻回來！」我對 Jacques 和 Laurent 說，「這不是分離，是要讓所有人知道你們傳授給我的料理精髓即將開枝散葉。」

遞辭呈之前，我的確經過一番天人交戰。但最後思慮理清，我知道我的離開，並不是因為我在感官花園已經學夠了，正是因為不夠，所以我要試探其他的可能。我和 Jacques & Laurent 的感情深厚，不是三言兩語可以表達完盡。他們栽培我、肯定我、信任我，更讓我充滿信心，將才能充分發揮出來。我與他們的關係早就超越師徒，更像是父子的情感。

我們已經認識十幾年，熟到我有股錯覺，幾乎要以為自己是從小讓他們帶大的。這一路走來，我長成「男子漢」的血淚，他們比誰都清楚明白。但很重視禮節的我，還是公私分明，從未和他們聊過心底的感受。直到現在，我們見面一起吃飯，我還是會恭恭謹謹地稱呼他們「Chef」，而不會直呼其名，對我來說，這就是禮數，是規矩。但這一次，我將心底的想法宣洩而出。

「料理，是我一輩子的功課。我不能只待在一個地方停滯不前，這個地方不可能代表法國料理的全貌。我希望可以到法國中部、北部，甚至到世界各地闖闖，感受不同的人文和品味，摸索法國料理的各種可能。唯有如此，我才能真正了解法國料理到底是什麼。」我一股腦兒地把心裡的話全說出來。然而藏在我心底沒說出口的是，在我離開總店到外面展店的第二年，餐廳被降了一顆星，我對此一直耿耿於懷。

我知道這對 Pourcel 兄弟來說可能是不小的打擊，我是他們身邊最強而有力的助手，也是幫他們打下世界版圖的夥伴，如今卻在此時要離開。這之中的不捨和遺憾，我想全世界除了我們三人之外，沒有人可以了解。然而他們兄弟倆很清楚我的個性和能力，我也知道該是我讓他們感到驕傲的時候了：「It’s my time to make you proud !」我在心底默默對 Pourcel 兄弟承諾：「被降級的米其林星星和屬於我們的榮耀，我將會全部把它們討回來！」

「André，你的離開會讓我們很惋惜。但是，去做你該做的事吧！」Jacques 和 Laurent 溫柔地回應我。他們的體諒，成為我繼續努力的動力。

揮別雙子星兄弟，我準備前往里昂。臨行前，他們神秘兮兮地把一封信交給我，「不要打開，將它親手交給 Michel。」我不知道信的內容，但我也不好奇過問。

里昂位在法國東部，是僅次於巴黎的第二大城市。城南有羅納河和索恩河交匯，因此這個地方的飲食文化，受到南部普羅旺斯及地中海沿岸與北方洛林和阿爾薩斯的影響，南方的新鮮蔬菜和橄欖油，與北方慣用的牛油、奶油和諧交融於里昂的料理之中。如果說南法的經典是感官花園，那麼里昂的經典必然是 Paul Bocuse 和位於羅阿訥（Roanne）的 Maison Troisgros。而執掌 Maison Troisgros 的大廚，就是雙子星兄弟口中的 Michel。我早已久仰他的大名，不如趁此機會，品嘗一下傳說中米契・特洛格斯（Michel Troisgros）的好手藝。

走進 Maison Troisgros 的大門，同時也走進了四十年不間斷的米其林三星歷史。一見到傳說中的 Michel，我馬上把雙子星兄弟的信轉交給他。沒想到 Michel 當著我這個「郵差」的面看完這封信，並且用一種驚訝和懷疑的眼神望著我，「Jacques 和 Laurent 還好嗎？你似乎很不簡單，明天開始來上班吧！」「上班?!」就這樣，隔天起，我幾乎寸步不離地跟在 Michel 的身邊，每一天、每一刻都全力學習吸收他無私傳授的經驗和料理哲學。

我在這裡工作了一、兩年，直到有天 Chef Jacques 和 Laurent 打電話給我，「André，我們有個 Project 需要你幫忙！」一如往昔，我簡潔地說聲「好！」毫不囉嗦，隔天就向 Michel 提出辭呈。他驚訝地問我，「做得好好的，為什麼要辭職呢？」我慎重地回應，「因為待我恩重如山的人需要我幫忙！」

忙完雙子星的案子後，我陸續又為巴黎幾個知名的米其林三星主廚工作，包括皮耶．加尼葉（Pierre Gagnaire）、帕斯卡．巴博（Pascal Barbot）和若埃爾．侯布雄（Joël Robuchon）等人。即使如此，我和雙子星依然維持緊密的關係，只要 Jacques 和 Laurent 需要我，我隨傳隨到，直到現在都是如此。我總覺得，雖然我已經不為他們工作，但我們仍然以這種特別的方式，照顧著彼此。

賽舌爾洗禮

二〇〇六年，我毅然決然帶著親愛的妻子，以及最信任的三個夥伴Elmen（常興濤）、Johnny（姜曙宇）、Philip（吳達敏），踏上前途未知的賽舌爾群島（Seychelles）探險之旅。這裡，也是我真正開始轉換跑道，確立André料理風格的起點。

離開法國後，一直以來都有不少的邀約，但我始終希望能給自己多一點時間沉澱，與夥伴重新發掘「André」和「料理」的真義。我想找出料理的內在精神，而非譁眾取寵，跟著市場隨波逐流。我想每個人在長長的人生當中，都曾有過幾次「沉澱」的機會，靜下心來重新認識自己，解讀生命的意義，而這個過程短則幾天，長則幾年。

在我踏入料理界的這十幾年，我習慣對所有事情「in control」，而我確實也能一手掌握外在環境所賦予我的種種要求。我歷經磨練，學得一身備受肯定的廚藝，然而此時此刻，我似乎應該靜下心來，把過去十五年累積的經驗好好複習一番，重新思考料理的初心。

就好像中國武俠小說裡說的「閉關潛修」，要隔絕外部的雜音，我才有機會聆聽內心深處的聲音來體會料理的意義。不想迷失於名利，也不想變成一個只著眼於花稍技巧又墨守成規的廚師，我不讓自己分心，就是安靜地思考：我為什麼喜歡做菜？食物對我來說最重要的意義又是什麼呢？

最後我做了一個重要的決定，我要到一個連飛機都不知道如何降落、連 GOOGLE 地圖都要放大再放大才找得到的地方。這裡資源匱乏，幾乎什麼都沒有，但正因如此，我才能好好地重新思考料理之於我的意義。

坐落在東非印度洋上的賽舌爾群島，完整名稱叫做賽舌爾共和國。曾經被葡萄牙、法國、英國統治的賽舌爾，後來獨立並成為英國聯邦一員。因此在這裡，除了當地人習慣使用的母語克里奧爾語之外，英語和法語都是共通語言。

賽舌爾群島的工業和農業並不發達，卻擁有得天獨厚的海洋資源。島嶼風景秀麗天成，全境一半以上都是自然保護區，有「旅遊者天堂」的美譽，位於此地的 La digue 海灘甚至曾被評選為「世界最美的海灘」。

而賽舌爾群島中最主要的政治與觀光代表島嶼，就在首都維多利亞所在、面積最大的馬埃島（Mahe Island）。馬埃島上的拉塞爾自然保護區占地六十五公頃，擁有種類齊全的熱帶水果樹木和成群的象龜奇景。但最讓旅客著迷的，是島上特有的沙灘，金黃色澤的沙子質地細緻到可赤腳行走，柔軟如粉塵，溫暖如朝陽。

而我所要工作的 Maia Luxury Resort & Spa 度假飯店，就位在馬埃島上一處僻靜絕美的私人海灘。嵌入山腰之間的三十幢皇家 Villa 巧妙融入島上的自然風景之中，大海、藍天、翠綠山林與壯麗的建築連成一氣，美麗得讓人屏息。

當時，受到世界旅館業矚目的 Maia Luxury Resort & Spa 才正在興建，萬事待興，資源取得並不便利。許多人無法理解我為何主動去爭取這個工作機會，認為我其實有更好的選擇，但我卻覺得資訊過度發達的文明之地，容易使人產生依賴，難有突破性的發展，料理的創意也因此產生局限。

這果然是一段不凡的經驗！能飛到賽舌爾島，住在 Maia Luxury Resort & Spa 度假的人非富即貴，比如沙烏地阿拉伯、英國的皇室貴族，就把這裡當作度假首選的休閒「行館」。特別的是，這些貴族成員很少為外人知曉，是世界權貴金字塔頂端最神秘又高貴的一批「隱形貴族」。而且地理位置偏遠不便，只有私人直升機或遊艇才能抵達。曾有一位阿拉伯的公主到馬埃島一遊，遊艇規模竟龐大到可以擺放兩台粉紅直升機，豪奢等級不可思議。也因為如此，島上根本不會有什麼狗仔跟拍的問題，因為狗仔隊恐怕沒這麼大的財力。

面對這些品嘗過絕世珍饈，甚至把鵝肝、松露、魚子醬當作家常小菜的非凡貴客，我要如何才能為他們帶來舌尖上的驚喜？餐廳還沒開張，但我早已迫不及待，希望那一刻趕快來臨。回想起我人在法國跟雙子星主廚一起工作的經驗，他們慣常採用平易近人的食材，甚至在當地就近取材，然後透過創意和技藝，做出特別的料理。我將這個概念和經驗運用到 Maia 的菜單，再加以發揮。「就是讓他們品嘗再平凡也不過的東西！」我反其道而行，大膽提出全新的菜單策略。

實際上，「客製化」原本就是我在 Maia 時的構想。酒店建造之初，所有建設的預算都「無上限」，這引發我深入地思考：硬體建設無上限，那麼料理與服務的極致，又是什麼呢？當酒店蓋到無上限的奢華水準，身為總監的我，該如何提供「無上限」的餐飲服務，才能與飯店的硬體達到相同等級的水準？於是我決定採行「完全客製化」的服務，讓每一個人的每一餐，都是絕無僅有，量身訂做。

於是我養成一個習慣，為每一個客人的品味預先做功課。在客人蒞臨之前，先連繫他們的私人廚師，了解每個人的飲食喜好、口味和習慣，再據此設計餐食，提供完全客製化的服務。

每一位光臨的客人，不是皇室貴族，就是頂級富豪，他們都有各自的飲食癖好，有人不吃辛辣，有人吃牛肉只要一分熟，有人要求在固定時間準時開飯，一分鐘都不能延誤……除了料理本身，我開始關注到品嘗料理的人，與此有關的種種細節，一概要用心體察。

以前在餐廳工作的情況是，客人點了菜單上的什麼菜，廚房就準備什麼菜，雖然東西好吃，服務講究，但這並不是完全客製化的水準。在 Maia 工作的經驗，讓我細緻而深入地體會何謂「客製化」，就是「要針對每一名客人的需求來調整料理的細節」。

如何把這個觀念落實在餐點之中？我必須拋掉舊有的思維！好比做一道揚州炒飯，傳統廚師可能打開食譜，了解炒飯裡有什麼必備的食材。但我的方式不同，是去發掘眼前的這個客人會認為揚州炒飯裡一定要有什麼才好吃，就算是雞腿、魚或其他跟揚州炒飯八竿子打不著的東西，我也應該以人的「喜好」當作料理的標準，而非照本宣科沿著傳統老路走。

在賽舌爾島工作的這段時間，我也首度收到屬於我自己的榮耀。英國《時代》雜誌兩度將我的料理評選為「印度洋最偉大的料理」，我因而受封「印度洋上最偉大的廚師」稱號。

不要忘記以前所學，而是進一步以過往所學為基礎，透過觀念的扭轉，發展出屬於自己風格的料理，這是我在賽舌爾島這段時光，所獲得的最大收穫。

築巢

我一口流利的法語，感覺起來好像在法國待過很久；英語也很流利，交談起來完全沒問題；中文當然琅琅上口，另外日語、廣東話也通。談話方式和思想模式很西式，黃皮膚的臉孔下卻有著逼近一九十公分身高的體格，種種矛盾條件，讓外國朋友對我充滿疑問：「André 到底來自哪一個國家？」

遇到這種狀況，我總是很明白地回答：「我是台灣人！」「那台灣有什麼呢？」對於這個陌生的名字，他們總是進一步再問。遇到這個問題，我往往語塞。巴黎有讓法國人自豪的巴黎鐵塔和精緻料理；倫敦有大笨鐘和炸魚、薯條；日本有溫泉和壽司；泰國有寺廟和酸辣湯；韓國有泡菜和騎馬舞；香港有港式飲茶和李小龍……那台灣呢？台灣到底有什麼一說出口大家就心領神會的代表物？

該怎麼清楚地介紹台灣，點出我們的台灣精神？這點經常讓我想破腦袋，還找不到最合適的答案。腦海中於是浮現一個想法，「希望有一天，我可以藉由自己的力量，讓更多外國人因為我而認識台灣，讓更多亞洲年輕人對『Being a Chef』（當廚師）這件事，有不同以往的看法！」

萊佛士國際酒店的邀請，落實了我的這個想法，也啟動我人生的創業新舉。

年紀漸長，經過賽舌爾島那段磨練的時光，我邁入重新思考人生的另一個重要階段。也就是那時候，心中有個聲音告訴我，「是時候，應該要回亞洲了，也該讓陪我征戰列國的兄弟們安定下來！」

我不是「衝動派」，並沒有馬上行動。理智的韁繩拉制住我，讓我冷靜思考，我離開亞洲已經有很長一段時間了，亞洲餐飲市場現在究竟發展到什麼樣的水準，其實，那時我沒有十足的把握。而且，更重要的是，「他們能接受我的料理嗎？」或者說，「亞洲的哪一個地方，能接受我的東西呢？」

二〇〇七年，就在情感與理智拉鋸的當下，我接到萊佛士酒店集團高層主管的電話，希望我能去新加坡飯店表演，「André，我們每年都會邀請最知名的米其林主廚或歐洲最具代表性的廚師，而你的料理真的非常 unique，充滿個性與藝術家氣息。如果你有機會回到亞洲，還請考慮與我們合作。」

萊佛士國際酒店集團在國際旅館業頗負盛名，而萊佛士主管的一句話，像一顆小種子，在我三十歲、再度面臨人生彈跳點的春天時節，悄悄蹦出新芽，我開始認真思考在新加坡落腳的可能性。事實上，我和新加坡萊佛士酒店的合作，打從二〇〇三年就開始了，那時我才二十六歲，雙方合作愉快，之後連續四年，我們總共發展出六次合作的機會。

新加坡這個「城市國家」的面積雖然很小，但成長企圖卻很高昂，位於歐亞中樞點的新加坡，善用地理優勢與制度策略，創造亞洲國際金融中樞地位，活絡的經濟成長備受國際關注。尤其在二〇〇六年，新加坡政府的政策大轉彎，准許設立賭場，此舉快速帶動新加坡觀光產業成長，成功吸引四面八方的國際觀光客前來旅遊朝聖。因此，我內心盤算，「如果要從一個小地方重新啟程，新加坡說不定是個合適的起點。」

二〇〇八年，萊佛士國際酒店集團再次對我提出邀約，到新加坡地標瑞士史丹佛飯店的七十二樓頂樓開設餐廳。

決定答應萊佛士的邀約，在新加坡「築巢」的，還有與我一路走來的三個重要夥伴 Elmen、Johnny 和 Philip。他們分別來自廈門、上海和安徽，打從在感官花園上海分店應徵相識，我一眼就看出他們具備「萬中選一」的廚師天賦。但比天賦更可貴的，是他們吃苦耐勞的個性。每次看到他們，就像看到二十歲時的自己，那種為達使命不惜一切的樣子，讓虛長他們七、八歲的我，自然而然把他們當成自己兄弟在照顧。不論是出國表演，甚至是我飛到賽舌爾島工作，他們三個小兄弟都一直跟著我不離不棄。這段時間，我們早已培養出血濃於水的革命情感。「有一天他們也要成家立業，如果一直跑來跑去，恐怕很難遇到合適的對象。」已經結婚的我心裡這麼盤算著。

「是時候了！」我的團隊彼此依賴，而且還有共識和默契，如果有合適的地方，我們也該「落地生根」了。為了這三位一起打拚的兄弟以及他們的「未來大事」，這股「想讓大家都安定下來」的動力，加上萊佛士招手機緣，天時地利之下，我終於回到闊別已久的亞洲市場。

七十二層樓高的決心

二〇〇八年七月，我在新加坡萊佛士酒店七十二樓開了真正屬於我的第一家餐廳——JAAN par André。

從〇六年卸下萊佛士酒店客座主廚的身分後，酒店集團的主管對我提出邀請，「我們一直都有米其林主廚，也有很多和歐洲主廚合作的機會，但我們從來沒有看過像你這樣獨樹一格的料理！如果能有機會榮幸，我們很希望能發展出更進一步的合作關係。」經過四、五年的合作，我和萊佛士酒店培養出一定的默契，我們敲定了全新的合作計畫，我即將在史丹佛酒店頂樓，開設一間四十五個座位左右的小型餐廳。

這家位於七十二樓的餐廳，可以直接俯瞰新加坡的迷人海景，除了曾是東南亞最高的飯店，這裡也是新加坡位置最棒的景觀餐廳。但奇怪的是，擁有如此優秀的地利條件，餐廳開張七年，卻始終沒辦法達到預期的成果。

萊佛士主管很坦誠告訴我餐廳的窘境，但我自信十足地回答，「放心，我一定可以把這家餐廳做起來！」我並非空口說白話，要答應他們的邀約之前，其實我花了許多心思去了解這家餐廳，認真探究為什麼會做不起來的原因後，我發現餐廳經營失敗的癥結一是「Hotel management」（飯店管理），二是「Marketing」（市場）。這兩個至關重要的問題，讓餐廳良好的條件和資源成為枉然。

於是我大膽提出要求，「由我接管後，我希望它能獨立經營，而非附屬於飯店；第二，經營管理全權由我作主；第三，我要為餐廳換個新的名字。」萊佛士展現誠意，完全接納我的條件。但相對的，新餐廳未來成敗榮辱的責任，將全部落在我身上。

餐廳原名叫「JAAN」，這名稱使用了七年之久，加上飯店醒目的地標位置，其實已經深植當地人心。隨便在街上抓個人問，對方都會回答，「喔，就是那個頂樓餐廳嘛！它生意不好，根本沒人要去吃！」為了要扭轉這間餐廳的形象，革新行動如火如荼地展開。首先，我把裝潢全部換新。第二步，撤換人事，替換上我自己的班底。最後，我為餐廳換上一個嶄新的名字——JAAN par André。

為了這個名字，我苦思許久。新加坡當地人或是來到新加坡觀光的人幾乎都知道這間餐廳，但問題是印象不好。如何改變大家的既定印象呢？餐廳的名字，肯定是攸關經營成敗的第一要件。

我保留原來餐廳名字裡的「JAAN」，是希望大家看到或聽到這個名字，不需思考就直接聯想到原來的餐廳。但其後加上「par André」則要表達：現在餐廳換成 André 經營了。餐廳名稱的變動容易引起人們的好奇，「咦，換了名字嗎？也換人經營了嗎？這個 André 又是誰啊？」透過這個策略，既保留餐廳原本的盛名，同時轉換餐廳的形象。JAAN par André 也是史丹佛酒店成立以來，首家以廚師命名的餐廳。

更改餐廳的名字很容易，最大的挑戰是在「管理」。我到史丹佛接管餐廳時，許多人並不清楚 André 是誰，又是從哪裡突然空降？然而「老飯店」的管理問題相當棘手，我執意大刀闊斧進行改革。什麼是對的，什麼是錯的，什麼東西保留，什麼東西要改，我心中有一把尺，有一張清晰的藍圖，旁人很難插手。

關於開店的種種，最初我只和少部分的集團高層接洽，飯店裡大部分的主管並不了解我們合作的完整細節。因此在接管餐廳初期，我幾乎無法獲得任何飯店的協助。大部分的人對我不熟悉，只是冷眼旁觀，「看你這小子可以玩出什麼花樣！」

一些不明就裡的飯店主管，對我十分不以為然，「你這小子才剛來，就要求東要求西，明顯侵犯到我們的界線了！」一直以來習慣的舊體制有所變動，很快地就傳出反對的聲浪，甚至有反制的舉動。但習慣正面挑戰的我，絲毫不擔心破壞人際關係，也不在乎有人扯我後腿，全心全意只有一個想法：「一定要把店做起來！」

二〇〇八年「JAAN par André」順利開幕，在我雷厲風行的管理之下，餐廳有了令人耳目一新的氣象，很快就步上軌道，成為必須幾個月前事先預訂的「排隊餐廳」。過了短短一年半，JAAN par André 在「聖貝格勒利諾（S. Pellegrino）全球最佳餐廳」的評鑑得到排名第三十九的殊榮。我們用最短的時間證明我們的實力，這家餐廳不僅可以做得起來，而且能做到讓全世界刮目相看。

邂逅 Restaurant ANDRE

全力衝刺，抵達高峰，之後的下一步，我總會讓自己「歸零」。因為只有回到原點，才能重拾最原始的初衷。

二〇一〇年，在聖貝格勒利諾的頒獎典禮上，JAAN par André 名列全球最佳餐廳第三十九名，我和 NOMA 的 René Redzepi 獲得「最年輕主廚」的桂冠。在倫敦接過這個獎的那一刻，我告訴自己，「是離開 JAAN par André 的時候了！」

帶著一群懷抱同樣夢想的兄弟們，當年在賽舌爾島的初衷依然熱切，我認真思考，「從明天開始，世界各地的廚師、饕客和美食狂熱者將迫不及待地湧入我的餐廳，但我真的能表現完完全全的 André，給他們一個永生難忘的用餐經驗嗎？我需要一個夢想中的餐廳，讓我毫無顧忌地盡情揮灑，也許是一個只能容納三十人的小地方、一扇藍色的門和一株南法的橄欖樹……」

而命運也許就是會帶著人們朝向充滿美好風景的方向走。那一天，我到新加坡中國城和朋友共進午餐，午餐過後，走著走著，眼光突然被一棟粉紅色的三層樓小洋房所吸引。這棟長磚造型的洋房，門前有個小庭院，沉靜卻醒目地立在巷道的一角，讓我第一眼就對它深深著迷。當時我心想，「能在這裡開家餐廳，該是多麼棒的一件事啊！」

幸運之神對我大概特別眷顧吧！隨後不久，我和朋友聊到開餐廳的想法，猛然想起中國城附近的那棟小洋房，完全就是我理想中餐廳的樣子。朋友露出不可置信的神情，「你說的那棟洋房，旁邊是大華飯店嗎？」

「對啊，你知道那個地方？」換我驚訝了。

「我不僅知道那棟洋房，洋房主人還跟我很熟呢！」朋友既得意，又帶著一絲狡猾。

「能不能介紹給我認識？」我迫不及待問。

「喏，他兒子就在你眼前！」朋友笑了笑用手指了自己的鼻子！

天底下竟然有這麼幸運的際遇！我高興得合不攏嘴，這實在是個好兆頭啊！

二〇一〇年十月十日，「Restaurant ANDRE」開張了，餐廳裡只有三十個位置，這是我開過最迷你的餐廳，卻是距離我的夢想最近的一次。

以前在上海，我開過一百三十多個座位的頂級餐廳，每晚要準備兩百五十人份的料理，旗下廚師超過六十位，儼然是個餐飲小王國。客製化服務一樣做得很好的 JAAN par André 裡有四十五個位置，以及十二名廚師。如今，餐廳規模卻不到三十個位置，而且僅僅只有五名使命必達的廚師。許多人好奇地問，「人家餐廳都是越開越大間，為什麼你的餐廳會越開越小間呢？」

從受雇經營餐廳，到現在自己開業，一路走來我都努力探索「食物」的無限可能。雖然我待的餐廳越來越小，但我關照的層面卻越來越廣。做菜，你可以只把眼前的這道菜做好，但與這道菜有關的還有什麼呢？餐廳的氣氛、音樂、香氣，甚至是盛裝的器皿，還有與客人溝通的口吻、打招呼的方式，這些都會影響這頓餐點的品質。

我始終覺得，料理是一件很私密的事。一個人做菜給另一個人吃，就好比廚師與食材的接觸一樣，是非常親密的一種了解與信任。在這種

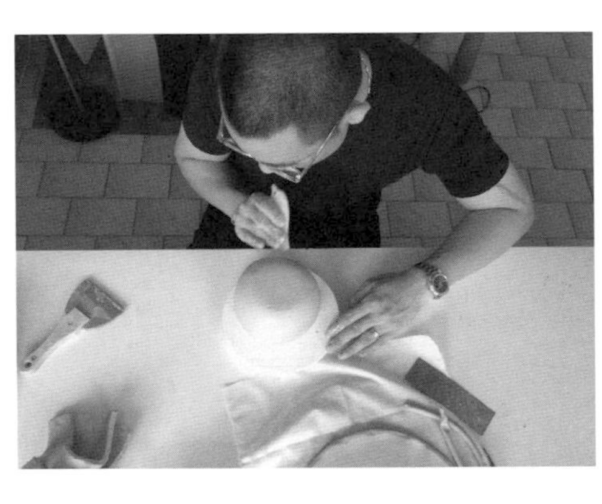

體認之下，我對 Restaurant ANDRE 的經營有了更深入而細緻的想法。唯有每個小細節都面面俱到，才是我心目中的理想餐廳。而現在餐廳的位置數量不多不少，剛好夠我全力去照顧每一位客人的每一頓餐點。我希望所有的客人來到這裡，都能發現我們在每一個細節的用心，他們將擁有一段難忘的用餐時光。

除了展現這幾十年心血的料理體驗，我著手接觸陶瓷，就像小時候玩泥巴一樣，我不借助任何工具，單單用手捏出理想的造型，再送去窯燒。在我心中，成品的好看與否並不重要，就像上帝創造大自然，沒有所謂的好與壞，重點在我是否能透過手上的泥料傳遞大自然的訊息。

為什麼我對碗盤杯皿這麼重視呢？對我來說，陶藝和料理其實蘊藏著相同的「與自然對話」的哲學。**唯有用心去感受泥料或食材本身的紋理與質感，才能透過自己的技藝，給予它們最合適的面貌。將一塊軟**

泥捏製成最適合它特性的杯皿，將一種蔬菜烹調出它與生俱來的滋味，這就是一種順應自然的哲學。

Restaurant ANDRE 除了是我展現料理哲學的舞台，同時也蘊藏了我對南法學料理那段時光的濃濃感恩。我在餐廳前面一小方空地，特別栽種了一棵從南法運回的橄欖樹。住在南法的日子，我對隨處可見的橄欖樹有著特別不一樣的感情。那時候，每天起床睜開眼，或是打開門走在路上，所看到的都是橄欖樹綠蔭滿佈的景況。如今回到亞洲，來到新加坡，卻有種恍然進到陌生之地的感覺。所以在餐廳開幕時，我特別在餐廳前面種了一棵優雅古樸的橄欖樹，它就像我在新加坡的法國家人，給我一種特別依賴的親切感。除此之外，更提醒我不要忘記南法的經驗，不要忘記學習料理的初心。

這株從法國來的橄欖樹，努力適應新加坡的陽光、空氣和土壤，正如隻身來到這片土地打拚的我，努力適應這裡的人、事、物。彷彿多了一個共患難的「朋友」，提醒我不是自己一個人單打獨鬥，只要每分每秒奮鬥不懈，一定可以在這片異地生根、茁壯！

開幕後一年，Restaurant ANDRE 榮獲《紐約時報》評比為「最值得搭飛機來品嘗的十大餐廳」。我個人因此有幸被新加坡政府宣傳是「到新加坡的四十四個理由」之一。三年後，二〇一三年的初春時分，Restaurant ANDRE 獲選為世界五十大餐廳（The World's 50 Best Restaurants）和新加坡最佳餐廳。我除了感謝，只有感謝。這些獎項屬於跟我一起努力的每一個工作夥伴，也屬於每一個曾來這裡用餐的人，更屬於那份陪著我一路勇往直前的熱情與初心。

一路相伴的「貴人」

回想這一路走來，我有三個重要的「八年」——法國習藝、回到亞洲、定居新加坡，很幸運地其中又有不同的夥伴相隨——兩位恩師、摯愛的妻子，和一群一起打拚的好兄弟。

這三個八年，這些陪在我身邊的人，都對我的人生發展影響甚鉅。如果當時沒有媽媽帶給我的美味啟蒙，沒有在這三個階段遇到這些夥伴，我恐怕難以長成今天的我。我朝著目標奮力衝刺，這些貴人卻始終站在我身後，毫無保留地支持我，成為我最堅強的後盾，得以沒有後顧之憂，奮力往前。一個人的力量太有限了，沒有辦法完全實現理想。而這些人彷彿是我夢想的翅膀，帶領我無所畏懼地飛向成功的彼岸。這也印證了一句話：當你一個人作夢時，那就只會是一個夢；但是當大家一起作夢，夢想就會成真。

除了雙子星恩師和我的三個得力助手，這個世界上，最包容我的「任性」的，就是我的妻子 Pam。Pam 是個很有個性的女孩，既直率又能幹，全心全意地體諒我對料理事業的執著，從來沒有一句埋怨。平時我全心工作，每天都忙得不可開交，下班後回到我們的家，因為 Pam 打理得很好，我獲得全然的放鬆。與工作時的嚴肅態度完全相反，下

班後的我吃得很隨便，玩得很隨興，當朋友提議今晚出去玩，我一概ＯＫ，既然休假，就是要輕輕鬆鬆。但是 Pam 可不會讓我這麼隨興散漫地過活，她從不讓我隨便亂吃，時間到了叮囑我睡覺，不准我沒日沒夜。有時候我的靈感一來，又開始在筆記本上寫個不停，記錄各式各樣的點子。Pam 就會把我從那個忙碌的漩渦中拉出來，「要適當休息，才能走更遠的路。」她一直都用她的方式在照顧我的生活。

因為我一個禮拜只有一個休假天，這個休假日我通常會窩在家裡，中午，我們會選在外面的餐館吃飯，晚餐則由 Pam 負責做飯。就和小時候跟媽媽一起上館子的記憶一樣，我們喜歡到習慣的餐廳，點類似的菜，這是因為有幾次想到不一樣的餐廳換換口味，但卻踩到地雷，破壞了難得的假日好心情。到信任的餐廳，和心愛的人吃習慣的菜，對我來說，就是每個休假日最幸福的一件事。這個休假日，同時也是我的「充電日」。過了這一天，接下來又要馬不停蹄地忙碌，為免靈感耗竭，動力匱乏，我在這一天會看書、畫畫，或是和 Pam 一起打電動、看電視、聽音樂，讓腦子放空，讓身體放鬆。

我很感謝 Pam 體諒我平日的忙碌，讓我可以全心打拚事業，更感謝她長久照顧我的生活，讓我的人生美麗而完整。

登峰造極

二〇一一年，備受世界級廚師關注的西班牙美食高峰會（Madrid Fusion Gastronomic Event），邀請我與會演講。

每年大約有數萬人蒞臨的西班牙美食高峰會，之所以在料理界備受矚目，主要關鍵是這場高峰會特別規劃了只有頂級廚師和廚藝界人士參與的世界料理廚藝最新資訊交流平台。一年一度的盛會聚集了全世界大約四、五千位頂尖廚師，大家互相交流意見，把餐飲提升到最高的層次。

這個全世界最盛大的廚藝高峰會，不僅是專業廚師的榮譽，更是專業廚師的挑戰。因為能受邀到這個交流平台表演或演講的，都是當年度餐飲界的風雲人物，或是即將發光發亮的明日之星。大家將在這個舞

台發表和食物相關的新概念、新科技和新趨勢，若沒有兩把刷子，難以留給眾人深刻的印象。

活動前三個月，我收到邀請函後，便決定和 Johnny 外加一名助手共三人一起前往。我毫不緊張，甚至倍感興奮，因為能夠受邀演講，對我來說是一種可貴的肯定，我終於可以在料理的歷史寫上一頁。

距離高峰會的日子越來越近，但我並不特別準備我的講稿，只想和大家分享我的料理哲學：料理對我來說是什麼？我每天透過食物想傳達給客人什麼？我決定就這樣站上舞台，向大家介紹我自己、介紹我的料理，和這些年來我所發掘的「食物的意義」。

那一天，當所有與會者介紹完最炫的料理技術和最新的食材後，我從容不迫地上台，就是這一刻，我要和大家分享我這些年來的體悟，並鼓舞眾人一起回歸料理讓我們感動的原點。

「我想跟大家談點不一樣的，關於料理最原始的感動。比如一盤義大利麵吧，看似簡單的白麵條，好像沒什麼特別，你吃這盤麵，應該沒什麼感覺。但如果告訴你，這義大利麵是八十幾歲的義大利老媽媽，在廚房裡用她的手使勁擀出來的，老媽媽每天沒做其他事，就是擀這個麵，已經五十年了都不間斷。」我停頓幾秒後，「你再吃這麵，會有什麼感覺？」我看了看台下反應，「是感動吧?!那種感動的感覺，腦海裡浮現的畫面，會不會改變我們對白麵的印象？會的，這個訊息將改變人們對食物的味覺。」

許多廚師總是一味想提升食物的味道，加強食物的味道，讓味道刺激味蕾，讓人們記得這道菜。然而在這樣的過程中，他們卻忽略了一件很重要的事，其實「情感」本身就是每個廚師最不可或缺也是最好的調味料，人們會因為某個味道觸發內心的感動，也會被這道菜背後蘊藏的故事所打動。因此，最難忘的用餐經驗，往往不是因為這道菜有花稍的技術，反而是料理內在的故事才能深深打動人。「我想廚師的終極目標，就是要用料理來說故事，讓品嘗這道料理的人有所感動，Enhance food、enhance experience（提升食物、提升體驗）！」

這段開場集中了所有人的目光，台下幾千名觀眾寂靜無聲，所有人的注意力匯集成聚光燈，在我的身上聚焦，接著，我向大家介紹我的「八角哲學」。我將我做的八道菜一一擺在一面大鏡子上頭，在同一個平面上，大家發現每一道菜、甚至是每道菜裡的每一項食材之間不再是八個單獨的個體，它們各自是彼此重要的陪襯，既能互相呼應，也能彼此對話。原先乍看之下八道截然不同的菜，其實存在著緊密的聯繫，形成一套完整的八角哲學。

當大家的目光停駐在此，我慢慢開口，「不像一般餐廳有前菜、主菜，對我來說，料理本來就不應該有主、副之分，它們彼此都一樣重要，缺一不可。就好像一部電影一樣，你不可能割捨哪一段劇情，因為少

了哪一部分都不完整。這八道菜也是，沒有哪一道能夠被捨棄，每道菜都扮演不可或缺的角色，它們同時具備獨一無二的特色，同時又能烘托別道菜的不凡之處。」

「八角哲學」的首度曝光，引起台下一陣騷動，現場三、四千名大廚個個睜大眼睛看著我。突然，台下爆出一陣熱烈的掌聲，許多人奔向台前要和我握手、合照留影，現場熱鬧到差點失控，下一場節目因此還延後舉行。看著坐在第一排的名廚 Thomas Keller、Ferran Adria、Grant Achatz……這些ＶＩＰ們用力地鼓掌，那一刻，我知道自己真的做到了！

我是第一個上台不靠技巧，也不表演的廚師，當大家忙著介紹最新的食材和最炫的技巧，我講的卻是人們經常忽略，但我覺得最重要的東西——料理並非只與理性的技術層面有關，而是可以訴諸感性，與客人對話的。當每一道菜都不只是獨立的個體，它們彼此互相呼應，互相對話，也就能傳遞背後更完整的廚師的想法。因此，廚師絕對不只是在廚房做菜而已，而是要當一個善用料裡說故事的人，才能做出讓人感動的料理！

莫・忘・初・心

- 不想迷失於名利，也不想變成一個只著眼於花稍技巧又墨守成規的廚師，我不讓自己分心，就是安靜地思考：我為什麼喜歡做菜？食物對我來說最重要的意義又是什麼呢？

- 不要忘記以前所學，而是進一步以過往所學為基礎，透過觀念的扭轉，發展出屬於自己風格的料理。

- 唯有用心去感受泥料或食材本身的紋理與質感，才能透過自己的技藝，給予它們最合適的面貌。將一塊軟泥捏製成最適合它特性的杯皿，將一種蔬菜烹調出它與生俱來的滋味，這就是一種順應自然的哲學。

- 其實「情感」本身就是每個廚師最不可或缺也是最好的調味料，人們會因為某個味道觸發內心的感動，也會被這道菜背後蘊藏的故事所打動

- 我想廚師的終極目標，就是要用料理來說故事，讓品嘗這道料理的人有所感動，Enhance food、enhance experience（提升食物、提升體驗）！

Chapter —— 7

餐桌上的哲學家。

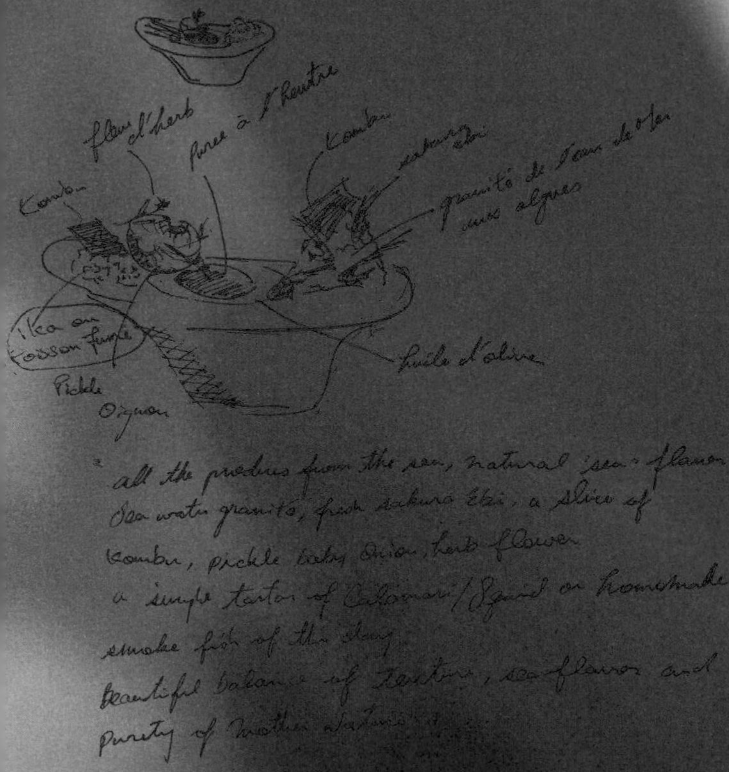

八角哲學

我曾經待過很多餐廳，與世界級的廚師一起做過各種風格的料理。然而在籌備 Restaurant ANDRE 的時候，我開始在思考，在這段時光裡，我所做過的這麼多菜當中，什麼是屬於 André 的料理呢？

就好像 Karl Lagerfeld 和 Marc Jacobs 這兩位很有個性的設計師，他們擁有極具辨識度的創作風格，一般人只要看到某種設計，很自然地就會聯想到他們，感受到其與眾不同的獨特魅力。而我也有這樣的辨識度嗎？我進一步再問自己，「什麼才能代表 André ？」「André 又是誰呢？」

一旦以慣性的「自己」來看待「自己」，就容易產生盲點，無法精確傳達心中的意念。為了深入思考這件事，我改以旁觀者的立場來看待自己：我在做什麼？為什麼要這麼做？想找到這個答案，就必須回顧以往我所做過的料理，從中歸納出一個屬於我的「邏輯」。於是我花費許多時間重新整理「André」，不論是我做過的菜、看過的書或者遇見的人……所有「我」所經歷的事物，有如觀看一部紀錄片般，全部重新審視一番，再從中擷取出重疊的部分。

我驚訝地發覺，即使我去過不同的地方，碰到不一樣的人，看到不一樣的事，各式各樣的經歷讓我的料理持續在變化，但有些東西卻是打從一開始就根深柢固地存在。

過去我曾經以為，創作這件事是很自然隨興的，想到什麼就做什麼。然而並非如此，創作原來是有「邏輯」可言的，或是說我的潛意識裡其實藏著某種「堅持」，在多變的作品中，不變地存在。經過這一番「整理」，我發現這一路走來，有八個元素不斷出現在我的創作中，那一刻，我終於明白，那就是隱藏在我潛意識裡很重要的八個創作來源——是我的風格，我的核心，更是我揮灑一切創意的原點。

獨特 Unique

可能是獨特的組合、獨特的食材，或是一種獨特的料理手法。比如龍蝦加香草籽，龍蝦是海鮮，香草籽通常用來製作甜點，一般人不會把它們加在一起。但其實 A＋B 不等於 A＋B，它們將創造出一種嶄新的、獨特的滋味。或是像狼魚，通常不會拿來當作食材，但其實幼狼魚很美味，拿它來入菜，這也是一種「獨特」。

質感 Texture

對我來說，食物並非只有單一面向，而是可以表現多重面向的。比如我們在料理番茄時，通常只使用某種特定的烹調方法。但我的某一道番茄料理，為了要表現番茄的多重「質感」，我會運用各種不同的烹調方式來呈現番茄甜的、酸的口味，甚至是脆的、軟的口感。

記憶 Memory

這道菜裡的某樣食材或某種調味，能帶領品嘗的人回想起某一段悠遠的記憶。比如我的一道名為「士力架」的甜點，雖然它的外型無法讓人與巧克力產生聯想，但只要一入口，各種食材混合的滋味馬上就讓人想起小時候吃士力架巧克力的時光。

純淨 Pure

你還記得紅蘿蔔或黃瓜最原始的味道嗎？豐富的調味是現代人的飲食趨勢，廚師也一直不斷在思考如何調配出更不一樣的味道，因此我們的食物越來越複雜，幾乎讓人快要忘記食材的本味。因此我希望我能有一道菜是完全沒有調味的，甚至是沒經過任何烹調手續，單純呈現出食材最原始的本味。

風土 Terroir

某些特定的地方才有的特殊食材，能夠展現那個地方的特殊風味。我的一道料理「Barigoule（燉朝鮮薊）」，這是在南法鄉間地區的一道家常菜，因此當人們吃到這道菜時，就馬上能聯想到當地的鄉間風情。

鹽 Salt

每個人都有自己喜好的調味，而來自不同文化背景的人，也有各自習慣的口味。我一直在思考，有什麼口味是所有人都可以接受的呢？我想到了「鹽」。海洋的味道，不僅是鹹味，更是一種深度。它可以喚醒人們最原始的味覺本能，毫不抗拒與排斥，自然地去接受這種天然的海味。

南方 South

因為多年在南法習藝的緣故，我的料理洋溢著濃厚的南法風格。南法料理以地中海的海鮮為主要食材，口味酸甜清淡，並無太花稍的烹調技巧，著重在展現食材的本味。甚至份量偏大，完全傳達出南法人慷慨、好客的熱情天性。而我的料理就是建築在這樣的基礎。

技藝 Artisan

我曾經在日本京都向一個農夫購買茄子，但這個農夫要求我只能炭烤加鹽，否則他就不把茄子賣給我，這帶給我非常深刻的印象。許多廚師只是一味地把手中的食材變成自己想要的東西，反而沒有就食材的特長去發揮。好比農夫苦心栽種的胡蘿蔔，其脆度和甜味都超乎水準，但也許有廚師就直接把它製成醬汁，埋沒了原本清脆香甜的優點，那會非常可惜。當生產者將它的心血交到我的手中，我希望能傳承他對這份食材的用心，為它找到最適合的料理方式，將這道菜獻給它的生產者。

這八個元素構成了我的八角哲學，它們彼此不可或缺，就像八角形是最接近圓形的形狀，八個稜角都有各自獨特的個性，而唯有讓它們結合在一起，才能接近完美。「**我知道完美可能不存在，但接近完美，才是讓人更印象深刻的一種美。**」在 Restaurant ANDRE 吃一頓飯，客人可以品嘗到代表這八個元素的八道菜。許多人總會好奇地問我，「每次做菜都要符合八角哲學，不會很困難嗎？」其實一點都不會，因為八角哲學本來就潛意識地深植在我的內心，我只是自然而然把我的風格表現出來而已！

以八角哲學為精髓，料理而成的菜色，每一道都帶給人截然不同的感受。有時讓人驚喜，有時讓人感到平靜，有時又墜入回憶的漩渦，有時迸發全新的喜悅，宛如一首味蕾狂想曲。

我總在客人用餐完畢時詢問他們：「你最喜歡哪一道菜？」當客人難以抉擇，無法決定哪一道菜最好的時候，我就知道我成功了。就像一部好電影裡的八個角色，各有不同的性格，你無法捨棄任何一個人。我的八道菜也是一樣的，唯有把它們加總起來才是——完整。

匠與藝的認知

八角哲學深度表現了我的料理精髓，做菜對我來說，早就不只局限在技藝的表現，而是一種生活的態度，以及重新認識自我的方式。

很多廚師著重在鑽研技巧，技巧如同房屋的地基一樣重要，必須打得扎實，房子才堅固。但是如果過度強調技巧，就容易流於匠氣，甚至只能淪為一個料理「匠」。

熟悉我的料理的人會知道，我並沒有特別愛用昂貴稀有的食材。不同於其他餐廳標榜自己使用的食材多麼珍貴，我一直以來在思考的是，「除了昂貴的食材，還有什麼可以說的呢？」人們願意出高價購得名畫，往往是因為這幅畫優美的意境，而非它作畫的材料；但大多數人花高價享受美食，卻是因為要追求高檔的食材，而非料理的「內容」和「故事」。我非常清楚，**廚藝的真正價值不在於食材的價值，而是要做出料理的深度**。

比如要做一道馬鈴薯料理，許多人都覺得馬鈴薯這個食材很平凡，一點也不稀奇，應該要料理松露、鵝肝等高級食材才有挑戰性，才能展現自己的技巧。但對我而言，每個食材都是平等的，把一種常見的食材做出令人耳目一新的感受，這才能展現一個廚師的真功夫。

我在法國學藝的初期，有段時間不斷重複煮馬鈴薯，我因而了解每一種馬鈴薯都有細微的不同之處。即使位在同一產地，但因為儲放的位置不一樣，含水量不同，煮出來的效果也就不同。當你明白這其中的差別，你便知道哪一顆馬鈴薯適合榨成泥，哪一顆馬鈴薯適合佐沙拉，這才能從只用同一種方式水煮馬鈴薯的「匠」，提升到視馬鈴薯特性予以不同烹調方式的「藝」。

當你對食材充分地了解，就能展現出料理的深度。**廚藝，就是不厭其煩地探討食材的細節，深入地體會和觀察，並找到它最合適的呈現方式。**與一般廚師不同，我從不寫食譜，也不刻意記錄任何配方，我所仰賴的是「料理的直覺」。我覺得料理是沒有標準程序的，食材的狀況不同，做法也不盡相同，調味要增減，時間要調整，仰賴的是廚師對食材的掌握。一個好廚師會依賴味覺，甚過視覺。為什麼呢？因為每一種食材的情況都不一樣，有生、有熟、有大、有小，有的需要長時間熬煮，有些必須快速汆燙，而每天食材的狀況都有不同的變化，必須隨機應變，不應倚賴制式的食譜來決定這要放幾克鹽、幾匙糖，這種做法是不準確、不可靠的。

對我來說，沒有食譜是為了讓味道更準確，是為了讓自己更深一層地去發掘食材的內涵。一旦你對每種食材有深入的了解，你將會發現你根本不需要食譜，你會根據現在的氣候或食材本身的狀況，找到最合適的烹飪方式，來表現它最好的樣子。

現在的餐飲教育，往往太過著重在技巧學習，其實如果空有技巧而欠缺深度，那就只是廚匠，而不是真正的廚藝。學校教你怎麼做馬鈴薯泥，但並沒有讓你去發掘每一種馬鈴薯各自不同的特性，這其實比烹調馬鈴薯的技藝更加重要。如何透過教育、思考與磨練，來延伸純熟的廚藝技術，讓它賦予料理全新的意義，發展到更高的層次，我認為這才是廚師必須正視的課題，而這同時也是台灣餐飲界應該自省的問題。

近年來，台灣的餐飲學校鼓勵學生參與各式各樣的料理競賽，這些踏上料理之路的新鮮人不知不覺就變成比賽的機器，一味追求名次和獎勵，卻忽略了料理更深層的內在探索，這不僅阻礙了大環境的餐飲發展，甚至是「開倒車」，非常可惜。

其實各行各業都一樣，磨練技巧是必備的，有了好的技巧，才有大顯身手的可能。毫無疑問，任何學徒進入某個領域，一定是要先將基本技能運用嫻熟，才能有所發揮。年輕人學藝，最忌諱的毛病就是在短短的時間之內就自以為已經把師傅教的技巧全都學會，認為已經沒有東西可學，這個自負的想法，就是失敗的開端。嚴格說起來，學習技巧只是起步，技巧學會後，如何發揮，如何創立自我的風格，才是成敗的關鍵。

不斷進化的創意

創造料理時，我不會過度思考太複雜的東西，而是用心去捕捉即興的靈感。每當我受邀到不同國家的高級飯店客座表演時，飯店通常會問，「主廚，可以給我菜單嗎？」我總是誠實回應，「我沒有菜單。」這個答案通常會讓飯店擔心不已，畢竟是正式又盛大的表演，很多事前工作要確認，比如聯繫媒體或與訂位的客人溝通，如果缺乏菜單內容，很難對外說明。

其實我不是要標新立異，也不是要造成飯店困擾。只要是我的客座表演，基本上仍然會以我的八角哲學為基底，但最終要上桌的菜色，還是要等到最後一刻才能決定——我會採用當地的新鮮食材，或是感受這個國家的文化特性，進一步來表現八角哲學的精髓。

也就是說，我到每個不同的地方，都會展現代表當地的八角哲學。我曾在阿姆斯特丹的市集看到當地人徒手把沾了切碎洋蔥的鯡魚（Herring）放入口中，對我來說，這很能代表荷蘭當地的豪邁風情。因此我在那裡客座表演時，就以此為靈感做了一道菜，不附刀叉，讓客人直接用手食用。味道當然跟原來的鯡魚大不相同，不過當地人徒手將它放入口中的那一刻，這道菜馬上能與他們產生共鳴，我也透過我的菜與他們對話。

正如同畫家到一個地方寫生，當下的感觸不同，畫出來的風景就有差別，不同氛圍會讓人產生不同的想法，而畫布則會如實顯現各式各樣的觸動。我的創意來源可以是任何東西，靈感也可以來自任何一個訊息，一棟建築、一封情書、一個人、一句話、一則故事、一個顏色、一幕風景……都可能帶給我創意的啟發。這種能力並非天生，而是從日常生活自我學習累積而來，如同我的恩師教導我，「一位好的廚師，需要學習的不只有技藝，而是感受生活點滴的敏銳度。」

我的作品是否夠格被稱為「創意」，需要更多可信的評鑑，但我可以保證的是，它的確是一種「體驗」，是我在每一個時期，經手不同食材的不同心得，或是我碰到不同人、事、物所產生的各種想法。很多人好奇地問我，「André，為什麼你有這麼多 idea？每次創作出來的東西都千變萬化？」因為「創意」這兩字，對我而言，並不是靜態的名詞，更像是不斷在改變的動詞，每一分鐘在變化的人、事、物，都是創作的靈感！

真實的料理

我的料理還有一個很重要元素，那就是「Honesty」（真實、誠實）。「Honesty」非常重要，運用在料理，就是要「發自內心」。

我從不記錄我曾經做過哪些菜，因為唯有不被舊東西所局限，才能讓自己用最新的觀點去檢視食材和味道，這個創意才是最能代表當下的，也就是最真實的。舉個大家都能理解的例子，當你吃某樣東西，你的第一反應會是「好不好吃」，第二才會進一步去品味這道菜可能的烹調方式與調味。而這個第一反應會是最真實的，是發自你潛意識對這道菜的評價。

料理也一樣，我把握自己每一個做菜的當下，現在我手邊有蘆筍，心底很自然地會根據食材特性與當下環境，迸發出最直接的靈感。這個最原始的靈感，就是Honesty。當我一再反覆思考，修正最初的想法，反而會模糊了原本要傳達的訊息。這也是為什麼我常把自己壓到最後一刻才決定要做什麼菜，因為那一刻是我最接近客人的時候，我的感受看似很即興，但反而是最強烈、精準的。而我的料理始終都處於「當下」，為當下發展創意，為當下而設計。

在 Restaurant ANDRE，我們遵循傳統法國料理的用餐順序，在主菜之後，甜點之前，會斟酌客人的情況上一道由法國最權威的起司大師 Bernard Antony 親手製作並挑選的起司。但有一次，我突然發現，餐廳裡一些不習慣起司濃重口味的客人，有的選擇跳過這道菜，有的則因為不想錯過任何一道菜，勉強自己吃下不喜歡的起司。

好的服務應該要讓客人擁有流暢、完美的用餐經驗，不應該讓他們覺得「被教育」，或者「我無法融入其中」的隔閡。發自內心的觀察和體貼，也有可能成為創意的來源，於是我以此為靈感，創作了「Camembert」這道長得很像起司，但口味極為清淡的甜點。如此一來，當同一桌當中有喜歡吃起司的客人，在享用 Bernard Antony 的起司時，不習慣吃起司的，也可以品嘗 ANDRE 的「Camembert」，一起 Enjoy 完整的用餐流程！不刻意獻殷勤，也不炫技，而是細心體察客人的每一個細微感受和需要，藉此做出最合適的調整，這就是我很強調的 Honesty。

同樣是發自內心，比較抽象的 Honesty，以餐飲服務為例，在對待客人時，服務人員必須要真心誠意地體貼客人。強調要蹲著介紹菜單、要露幾顆牙齒微笑才行，這些都只是形式，「最好的服務並沒有SOP。」

我不會要求服務人員在客人來的時候，必須喊出制式的歡迎語，奉茶要四十五度角，菜色上桌必定要有統一的說明，這些都不是我的風格。比如我餐廳裡的每名服務人員、每位經理，在認知餐廳概念和八角哲學後，他們都可以採取自己的表達方式來詮釋我的八角哲學。服務的Honesty，是必須深入體會服務的精神，了解客人的需求，然後用自己的方式來表現。所以儘管每個人詮釋故事的方式不一樣，有的還要經過修飾，有的可能需要時間消化，才能變成自己的東西，發展出自己的表達方式。但唯有發自內心去學習、理解、體會並認同，而後親自實踐，對待每一個蒞臨餐廳的客人，這樣的「服務精神」才能在大家的心底生根，變成每一個人的資產。唯有能打動自己的服務，才能打動別人的心。

發自內心的料理與發自內心的服務就是我所說的Honesty，這樣的真心誠意，才能打動每一個客人的心。

記憶膠囊

我始終覺得一道成功的菜，可以把人帶到無比遙遠的地方，讓你遇見一個人，或回想起一個風景或一個城市，甚至回到某一段回憶裡。

我有一道稱作「士力架」（Snickers）的甜點，每一年，我都會為這道菜創作出不一樣的版本。所謂不一樣，是說除了外型以外，質感及口味也有所不同。然而在這「不一樣」之中，它初始創作的 Concept（概念）卻是相同的。

當初會選擇士力架做創作的材料，是因為我發現一件很有趣的事，世界上有千萬種食物，有些能延續，有些卻很快被淘汰，這是為什麼？那些從以前延續到現在的「經典食物」，到底藏著什麼特殊的價值？為了找出這個秘密，我選用士力架這款經典的長銷零食。士力架由美國瑪氏食品製造，它在全球一年銷售量估計可以達到二十億美金，至今流行不墜。為什麼它可以在市場存在這麼久的時間？它和其他巧克力零食又有什麼不同呢？

二〇〇七年，我開始解構士力架巧克力的製作原料，發現裡頭主要含有五種元素：巧克力（chocolate）、牛軋糖（nougat）、鹽味焦糖（salted caramel）、法式杏仁餅（dacquoise）、花生（peanuts）。我進一步從料理化學實驗中發現，這五種元素不管以什麼方式搭配，A元素＋C元素，或B元素＋E元素，每種組合都可以顯現一種微妙的平衡感，五個元素相互支援，加在一起是種完整的味道，但分開品嘗，又不失各自風味。

因此我興起一個念頭，以每年翻新組合的方式，重新做出屬於André的士力架料理。對前來品嘗的人來說，它看起來很像是天馬行空的創意，是一道陌生的新奇的料理。然而品嘗之後，卻會發覺這味道好像和腦海中的某個印象有種奇妙的共鳴和連結，就像「記憶膠囊」一樣，這道菜喚起你的一些熟悉感，也許是某次吃士力架巧克力的記憶，也許是當時和你一起吃巧克力的那個人……因為有了記憶膠囊，這道菜對你來說不再是全然陌生的，反而是在新的品嘗經驗中增添了濃濃的懷念滋味。

一部電影或一首情歌之所以讓人久久無法忘懷，是因為它牽動到你內心深處的某個記憶。而料理也是一樣的，透過某個口味，讓人回到某一個場景。當然每個人的記憶膠囊也許有所不同。同一杯咖啡，有人很懷舊，想到爺爺煮的咖啡香，有人很浪漫，懷念起旅行巴黎的時光。但無論如何，還是會與人的內心深處產生連結，而這正是我運用料理與客人對話的方式。因此，在我的每一道菜裡，都可以找到「記憶膠囊」，這種「似曾相識」的味道，讓料理和品嘗的人之間有了更密切的連結，料理不再只是料理，而是有生命、有溫度的故事。

我的每一項創作都是源自一個簡單的想法或訊息，我希望創造既能代表當下，但又能讓人聯想起過去的料理。因此我所創造的，不是天外飛來的新口味，而是以過去為基礎的創新，這個口味的「記憶膠囊」會帶著你回到以前的某個時刻或片段。這個概念就如同「André」這個人，現在的 André 並不是一個全新的人，現在的 André，是從一九七六年持續進化到現在這個 André 的一種進行式。

每個人經過時間的累積，都會有所成長、有所改變，就像今年的「Snickers2013」會和去年有些不同。但它還是一個會讓人懷念的滋味，這份懷念蘊含著過往的記憶以及它所延伸的各種想像，就像一首情歌，勾勒出人們心底蘊藏的感情。

簡單的一個味道，有時候代表的不僅是食物的味道，而是一段美好的回憶，同時也包含人們內心對過去的懷想與對未來的想望。

一塊陶土的啟示

我很喜歡與人分享一個關於陶土的故事。有一次，我要餐廳所有廚師坐下來，我發給他們每個人一塊陶土，「不要看實物，就憑記憶捏一個自己最熟悉的東西，隨便捏都可以！」我的指令很簡單。剛開始，大家都興高采烈，有人捏洋蔥，有人捏魚，有的捏蘆筍、蒜頭、馬鈴薯……然而捏著捏著，突然大家都慢了下來。

「喂，你記不記得蒜頭有幾瓣啊？它有葉子嗎？」求救、打PASS的聲音紛紛冒出來。

「有沒有人知道洋蔥有根嗎？」

「誰記得鱸魚的尾巴是什麼樣子？」原本自信滿滿、認為自己對食材充滿了解的態度，有了一百八十度大轉變，大家開始對自己的記憶產生了懷疑。

繼續捏，大家的問題越來越多，「洋蔥裡頭長什麼樣子？洋蔥的根又長得什麼樣子？」或是，「大蒜的瓣到底是三角型還是圓形的？葉子是尖的還是彎的？」以往自認為很熟悉的東西，其實對它一點都不了解，甚至完全陌生。

這是我給廚師們的震撼教育，他們或許每天都在接觸這些食材，卻很有可能過目即忘。做了這個陶土練習，他們才會了解，自己有多麼忽略以往覺得習以為常的東西。自以為非常熟悉食材的知識和料理的技巧，但真的曾經發自內心深入探索過嗎？就好像我們周圍的人，雖然每天都能看到，每天膩在一起工作，但你可能不知道這個人臉上的相貌特徵，或是他到底喜歡什麼東西，討厭什麼顏色。

很多廚師一直在尋找新的食材，覺得這樣才能創造出新的味道，但對我來說，尋找新的食材，只是譁眾取寵的捷徑。如果告訴別人，「嘿，我今天做了一個新的洋蔥菜色。」多數聽到的人心裡可能會這樣想，「用洋蔥做菜，沒什麼了不起嘛。」臉上可不會有什麼期待的表情。但要做出一道新的洋蔥料理，其實要熟悉所有已被開發的味道和技巧，要完全了解食材的特性，才有可能做出一道「新的洋蔥料理」啊！

廚師並不是魔術師，如果每次都要變出新花樣，其實只是很膚淺的表面功夫。**美食真正的意義，是透過廚師對食材認識，讓客人產生不一樣的飲食體驗，或者被這道菜蘊藏的訊息所感動，那才是料理的深度所在。**「唯有讓客人品嘗到食材的深度，料理才有了故事，有了生命。」而料理的精神，也因而得以延續。

完美就在細節裡

「您好，這裡是 Restaurant ANDRE。」

「不好意思，我想訂位。」

某位常客打來訂位，在確認一切訂位資訊後，對方怯怯地問，「不好意思，還沒問您是哪位？」

「您好，我是 André。」

「André？請問你是 Chef André 本人嗎？」

「是。」我這樣回答。

「啊？真的是 Chef André 本人？」客人不可置信地又問了一次。

我為餐廳制定了幾項不成文規矩，一定要由總經理或我本人接聽訂位電話是其中很重要的一項。大多數人都認為接電話是基本工作，工讀生就可以勝任了。老闆以高薪聘請經理，應該讓他做更重要的事。但我卻認為，這家店的形象，從接起電話的那一刻起，便開始傳達給外界了，也就是從那一分鐘開始，客人就會對這家店有所期待。要達成完全細緻的客製化服務，應該要思考得更深遠，就是要從最容易被忽略的細節開始做起。客人的「第一印象」是從接起電話的那一刻開始，而不是走進餐廳才開始，這麼重要的「任務」，代表著一個企業的「門面」，應該由餐廳裡最重要的人來負責，而非最不重要的人來和客人做「第一次接觸」。人們常說「魔鬼藏在細節裡」，料理與餐廳經營，充滿了看不見的枝微末節，千萬別輕忽這些小細節，因為它們經常是最後成敗的關鍵。

在 Restaurant ANDRE 裡，每張餐桌與鄰桌、牆壁和椅子之間的距離、桌巾的材質以及燈光的明暗，甚至是每一個裝飾品的位置，都有一套貼心的準則。客人不會知道這是經過我們多次調整的結果，當他坐下來，他只覺得氣氛很好、感覺很對。

我每天會收到訂位客人的資訊，再根據他們的用餐目的親自安排座位，因此我不會讓需要安靜談生意的客人和慶祝生日的客人安排在一起。這是一個很小的細節，但對客人來說，這可能影響了他們用餐的心情，或影響他們能否達成用餐的目的——生意談得成嗎？生日還愉快嗎？

另外像一塊簡單的肋眼牛排也有好吃和不好吃的部位，帶筋的通常屬於口感比較不好的部分，另一邊沒有帶筋、油花細密則是最好吃的部位。因此在擺盤時，我會把最好吃的部位放在盤子的左下側。

這雖然只是個模擬，但其中牽涉了對食客的觀察和用心。大多數食客通常習慣左手拿叉子、右手拿刀子，因此第一塊入口吃到的牛排，多半會是從左下方下刀，也就是我所預設最好吃的部位。反之，如果事先知道用餐者是左撇子，我就會轉換方向來擺盤，目的是要讓客人能夠在切下牛排第一口吃下肚的，是整道菜最好吃的部分。

當客人吃下的第一口，剛好是一盤料理中最精華的部分時，那麼這道菜色的擺置方式就是成功的。為什麼呢？客人用餐，永遠最記得「第一口」吃下去的感覺，這關乎他們對整頓飯、餐廳廚師的印象。所以擺盤的重點，除了要在乎視覺美觀，更要講究心理學。菜色擺盤位置不同是要引導客人用餐的不同順序，進而牽動整道料理所要帶動的起承轉合，影響品味的感受。像這樣看似不起眼的擺盤動作，其實是一位優秀廚師必須斤斤計較的細節。

不刻意矯情地限制客人要「從左吃到右」或者「從右吃到左」，而要視客人的習慣做最細緻的安排。我教導我的廚師夥伴們，每樣東西所擺放的每個位置都有它一定的作用，料理要善用感性，更要善用理性，其中的每一個細節，都必須仔細分析它所代表的意義。

不僅端上桌的料理如此，餐廳經營的成敗，當然也靠這些小細節來創造差異化特色。一次美好的飲食經驗，其中必然蘊含許多學問與巧思。因為這份堅持，我始終很努力關注每一個小細節。而最極致的服務是看不見的，是一種不可言喻的親切、喜悅、誠懇、自在。

享受一頓飯的時光

有一次，一個媒體朋友問我，「André，你在每一道菜的每一個小細節裡都投注了這麼多想法，如果今天來了一個客人，在享用的過程中沒有任何感覺，或者不想花心思去了解你的想法，你會有什麼樣的感受？」

記得當時我這麼回答，「沒關係啊，至少那位客人吃了一頓好吃的晚餐，在我們餐廳度過了一段很棒的時光！」

事實上，「享受一頓飯的時光」就是每個客人來餐廳用餐的目的。一道菜如何吃、用什麼吃、按什麼順序吃，都是其次，重點是要讓客人很輕鬆地享受這頓飯，並且幫助客人達成他們的洽商、慶祝或約會等種種不同的期待。這是我們努力的使命，也是我們服務的最終目的。不需要讓他愛上你的食物，只要讓他愛上你的地方，在這個地方完成他想做的事。

在這一點，我認為客人在我的餐廳裡可以完全放鬆。沒有對或錯，沒有複雜的意義，就是吃了一頓很好吃的料理。我常說，「就讓料理最複雜的部分留在廚房吧！」廚師用最細微的思考來製作一道菜，但要讓客人毫無壓力地享受它。

每一間餐廳都有各自的特色，有的口味偏辣，有的口味清淡。喜歡吃辣的人，就知道該去那家偏辣調性的餐廳。哪一天突然想吃清淡的口味，腦中浮現的餐廳也會是另外一家。餐廳必須建立自己的調性，一旦風格確立了，就會吸引到該有的食客群。

因為這樣的信念，讓我從來不會因為「市場需求」而改變我自己的料理風格。有人問我，「如果不被市場接受，那怎麼辦？」對於這點，我絲毫不擔心，有句話說得很貼切：「如果自己都不了解自己，別人又怎麼會了解你呢？」如果連自己都不確定自己的口味，那又怎麼能讓別人嚐出料理的用心以及你所要傳達的訊息呢？

料理這件事，最微妙的地方就是沒有哪種食物一定是最好的，或一定不好，因為，同樣的菜色，面對不同的人，就會產生不同的解釋。如同藝術品，有的人覺得是鬼斧神工，有的人卻毫無感覺。即使再有名的主廚、再完美的一道菜，都要回歸這個道理，而這也是料理最具挑戰性的迷人之處。

如何解讀料理才是最貼切的呢？我認為，不管每一個廚師或是每一道料理，讓人印象深刻的決勝關鍵，就是要有「自己的個性」，而我的風格，就是「對單純的堅持，對真實的堅持」！

眼睛看不見的東西

我做的料理，經常被外界認為「超乎常理」，因此不少人會問我，「How do you think out of the box?」（你如何跳脫框架思考）「Everything is out of the box if you are not in the box.」（如果不站在框架裡面，所有事情都是跳脫框架）這就是我的答案。

如果你本來就不在框架裡，你的每一個想法當然都能跳脫框架！傳統的訓練模式容易讓我們從既有框架中尋找出路，但如果跳脫這道藩籬，不站在被設定的框框裡，你的視野就會變得完全不同，你所有思考的事情，全部都是「out of the box」。

例如我很少閱讀食譜，其中一個原因，就是不希望自己被局限在這個框架裡，困在廚師的思考邏輯中。相反的，我卻大量閱讀建築、藝術、時尚流行……等許多看似和做菜沒有直接關聯的書，因為它們對我在料理上的創意和啟發，都有莫大的幫助。

「L'essentiel est invisible pour les yeux.」（本質並非肉眼所及）它是我最喜歡的名言，出自法國作家安東尼．聖修伯里的《小王子》。故事裡有幅平地突起一座小山丘的簡單線條圖，大人看了都說是一頂帽子，只有小王子說，「那是一條蟒蛇，吞掉了一頭大象。」同一幅圖畫，每個人解讀卻不同。只要跳出框架，每個人都可以擁有小王子的單純的思緒，體會比表象更深一層的意義。

我第一次看《小王子》是在高二升高三那年暑假，說起來純屬偶然，當時有位朋友正在學法文，因為她的介紹，我接觸了英文版的《小王子》；之後到了法國，才重看法文版。

儘管文字版本不同，但《小王子》仍然讓我百讀不厭。在不同人生階段、不同年齡讀它，都有不同的感受，好比西方人讀《聖經》，中國人讀《論語》，每次看都有不同的體悟。

深奧的《小王子》常使我聯想到 essential 這個字，以畫作來說，有時我們看畫家只是畫一棵樹，但圖畫要傳達的訊息並不是這一棵樹的表象，而是更深層的冷、傷心或孤單的感覺。這就是 essential，一種更抽象的內在情感。

眼睛看不到的東西，並不表示不存在，甚至有許多看不到的，才能顯

現事實的本質。《小王子》裡的這句話對我影響至深，就好像我做料理，外人看到的只是一盤菜，但它其實不只是一盤菜，它蘊含一段精采的故事、一個很棒的靈感，甚至是一個特別的經驗。料理成為我表達訊息的一種媒介，餐廳裡的每個小細節也烘托出與這道菜配合的氛圍。這一點一滴雖然看不到，卻是「只能意會」的可貴本質。

André 餐廳的概念同樣是如此，我將餐廳的LOGO，設計成只能隱隱約約看到一半，而非完整的圖像。為什麼呢？因為餐廳是具體的，但「氛圍」卻是看不到的。外頭的人只能看到隱隱約約的 André，直到進入餐廳，享受兩個半小時的饗宴，才能夠發掘那個「隱藏的一半」。到那一刻，你才能了解完整的 André 餐廳到底是什麼樣子。

從做一道菜到開一家餐廳，我所關心和投注的始終如一，不是只有表面上看得到的技巧或硬體設備等等，而是整體的，包含無形的氣氛、故事……一種從心散發出來更內在的感動。因為是用生命、用人生經歷所淬鍊，才能真正獨一無二。

莫・忘・初・心

- 我知道完美可能不存在，但接近完美，才是讓人更印象深刻的一種美。
- 廚藝的真正價值不在於食材的價值，而是要做出菜色的深度。
- 廚藝，就是不厭其煩地探討食材的細節，深入地體會和觀察，並找到它最合適的呈現方式。
- 沒有食譜是為了讓味道更準確，是為了讓自己更深一層地去發掘食材的內涵。
- 學習技巧只是起步，技巧學會後，如何發揮，如何創立自我的風格，才是成敗的關鍵。
- 「創意」這兩字，對我而言，並不是靜態的名詞，更像是不斷在改變的動詞，每一分鐘在變化的人、事、物，都是創作的靈感！
- 美食真正的意義，是透過廚師對食材認識，讓客人產生不一樣的飲食體驗，或者被這道菜蘊藏的訊息所感動，那才是料理的深度所在。

Chapter —— 8

念念不忘的初衷。

André式的管理學

我從二〇〇〇年開始，陸續在世界各地開餐廳，除了協助雙子星主廚在東京、新加坡、泰國、上海開設四家餐廳，二〇〇八年至今，我以自己「André」的名號，在新加坡從JAAN par André移到Restaurant ANDRE，從這些經驗，我發現管理是一個「看不見的學問」。

我們餐廳裡工作的職務與分級，與大多數公司所施行的金字塔型管理模式不盡相同，我們強調「平等」做法的放射式管理。在這裡，每個人有被賦予的工作與責任，每個人必須做好所屬環節職務，我知道某個人適合做某件事，我就全權交給他。在這個前提下，每一個人都是各自領域的專家，不論任何事，都可以直接和核心溝通。

一個負責煮馬鈴薯的人，在一般餐廳可能只是被呼之則來的小弟，但在我的餐廳裡，他就是「馬鈴薯專家」，我就會讓他處理任何與馬鈴薯有關的專業問題。這樣的方式，不僅能凝聚大家的向心力，無形中也讓每一個人都知道自己是不可或缺的。

另外，不論是廚房或是餐廳的經營管理，我注重「親力親為」。我對夥伴的教導與要求也始終如此，不管身為經理或雜務人員，從上到下沒有級別的待遇差異，大家都必須上下一心、通力合作。

譬如前文所提及的餐廳訂位服務，只有總經理才有資格負責，我們沒有接線生或小妹去應接餐廳電話，也就是說，如果客人打電話來訂位，接電話的人一定是總經理或我本人。當客人進到餐廳內用餐時，服務的人也是餐廳經理或總經理，而且是同一個人，貫徹為客人做「專屬」服務的信念。

在這種情況下，總經理的責任就很重大。客人的嗜好、品味，及餐廳給客人的第一印象，都掌握在這位經理人員的態度與認知表現上。相對的，經理人員也因為這份職務，可以盡情發揮個人的專業與長才。

這樣的做法是從新加坡 Restaurant ANDRE 餐廳開始的，它的經營概念是強調精緻細膩的「客製化」服務，而且是從客人打電話被接聽那一刻就開始。不管是外場服務、料理品味，每一個細節都企圖打造出「量身訂做」的質感，在這要求下，就無法採用一般餐廳傳統的管理模式來經營。

除了在職務與制度上的規範，及一些「不成文規則」，我們在每個環節上都是兢兢業業，更重要的是我所強調的「看不見的精神」，我積極灌輸一個想法，「不管擔任什麼樣工作，或大或小，都必須發自內心做好，並且嚴肅看待！」

「發自內心」也許很難約束，也很難把它當作教條去規範員工。但我想我的以身作則以及全然信任，會讓大家都有很大的空間去大顯身手，勇於表現內心的想法，並跟著我一起用心服務客人！

用人像用料一樣重要

料理把我帶到世界各地，讓我接觸不同國家的人才。每個地方的文化生活差異，造就了不同的人才特質、個性和優缺點。

日本籍的廚師，因為他們本身對 quality（品質）就有很大要求，料理這件事對他們來說是件「很嚴肅的事」，所以他們對主廚的指令總是能奉為聖旨般，努力且準確地把事情做好。

我在日本的開店經驗，雖然屬於海外「初試啼聲」的第一間餐廳，但是實際上因為日本人對「框框模式」或者說「制度化」概念的餐廳經營，多數有清楚認知，因而都有快速適應力與精準執行度。在本質已經很完備的狀態下，我們在東京開設的第一家餐廳，並不需要花太多精力來特別雕塑成理想的模樣，所以在日本開店的過程極為順利，從籌備開設到正式開幕、營運上軌道，整個任務從執行到完成，只花費短短三個月的時間。但「料理」的妙趣在於它不全然是可以模仿的，料理是一門藝術，是要有「感覺」的。

有一天，我請一位日本廚師為一道菜擺盤，「用你的方式去擺設吧！」我希望他能發揮自己的創意。出乎意料，這位以往使命必達的廚師突然愣住了，他露出手足無措的無助眼神，有如做錯事般沉默羞愧地低下頭。這時我才赫然發現，日本人精準的個性下，和我對食物的隨性「感覺」竟然不一樣，而且頗有一段差距。

我的擺盤方式很 free style（自由風格），但在這個風格裡卻藏有很微妙的平衡感。當有二、三十種食材放置在面前要擺盤時，優秀廚師必須當機決斷，知道哪裡要擺長的、哪裡放短的、這邊點綴紅色、那邊用綠色裝飾、醬汁該如何揮灑才能畫龍點睛，色香味又要如何平衡，什麼東西可以首先挑起食客食慾，每個看似不起眼的動作或小東西，不管在味覺或視覺上，都有它的地位、作用或順序。**其實「一道菜」並不只是食物和容器而已，而是代表著「味道的先後順序和潛意識的用餐心理學」**。

這樣的風格並不容易教導，但是我希望就他們對食材的了解，讓他們也能發揮自己的想法。於是我對日本師傅說：「Follow your heart!」（跟隨著你的心走）我並不要求他排列和我一樣的盤面，事實上，因為食材的差異性，每次擺盤的排列方式，自然也會有所不同。但這位技術優秀的日本廚師就是沒辦法自在地發揮。

我認為，廚師對做菜很有熱情、很規矩、有紀律，這在技術層面可以達到百分之一百的水準。但超過技術層面的創造力，卻也因此受限。探究原因，可能是廚師太尊重料理的技術，他們認為法國料理是很有傳統與文化的一種料理，因此一定要具備某種條件才能製作。日本師傅非常崇拜這樣有內涵的料理，認為一定也要完全遵循「古法」來製作，才夠資格稱為法國料理。這答案是，但也不全然是。

所以當他們被要求用自己的方式來製作時，反而產生恐懼。覺得這麼崇高的料理，怎麼可以擅自用自己淺薄的認知來詮釋呢？是的，因為害怕，導致不知如何下手，這是因為崇拜而產生的依賴。但若真正了解「料理的意義」，就不難理解，料理所要表現的是生活的態度，而非華而不實的裝飾。因此，只要跟著心底的感覺走，就是回到最初的Honesty。

而星馬地區的廚藝人才，因為語言優勢，學習上手進步得很快；對料理的認知，也因為所閱讀相關書籍多以英文為主，直接接觸到第一手國際資訊，相較於其他地區的人才，他們對料理的認知更敏銳。因此在同樣起跑點的學習進度上，總是一馬當先跑在前面。然而，星馬地區的廚藝學習者卻較容易流於花稍不扎實的問題。我發現，他們馬步扎得不穩，功夫有形卻不精實，因此常造成在某一個階段突然停滯不前的障礙，如果沒辦法突破這一關卡，往往前功盡棄，造成無法「往更高境界發展」的遺憾。

至於來自歐美地區廚師的特質，如果以法國料理學習而言，相對表現是游刃有餘容易很多。基本上，法國料理屬於歐美廚師所熟悉的一種生活文化，在語言、資訊、設備、食材等各方面都不需要再做多餘教育，對食物味道的理解，也不需要特別調整。但缺點是歐美地區廚師人才的抗壓性不足，因為被較輕鬆的生活態度影響，普遍沒有亞洲廚藝學習者來得堅強有韌性。

相較之下，中國人才是很有競爭力的一群，原因在於現階段他們仍然保持「單純」之心。中國廚藝界目前對法國料理有通透了解認知的人才，老實說還不算多。我們二〇〇四年到上海開設中國第一家頂級法國餐廳的舉動，不但在中國，更是世界廚藝界一大盛事。當時現代頂級法國料理才剛在上海萌芽，目光遠大的雙子星主廚大膽看好這塊處女地，首先在上海開出如同法國總店規格的感官花園亞洲最大餐廳，前瞻性、魄力十足。

對於執行任務的我而言，要如何在一個幾乎完全沒基礎、沒人才可運用的市場，快速打造出金字塔頂級的法國料理聖殿，的確是一項艱鉅任務。然而事實上，我反而格外懷念在中國那段奮鬥期。中國市場對我而言，就像一塊璞玉，雖然我對這個環境、人才完全陌生，但耕耘處女地才是扎根打基礎的最佳時機。那時我應徵了許多來自中國各地的人，這些年輕學徒都是對法國菜完全沒有概念，有的甚至連法國在哪裡都不知道。他們就像我當初到法國一樣，是一張純然的白紙，勢必需要面對一段艱辛的學習過程。

但是讓我驚訝的是，經過一段魔鬼訓練，這些沒有法國料理概念的小廚師學徒，反而比某些所謂「有經驗」的人，適應力和抗壓性都更強。我發現他們願意吃苦耐勞、肯學習，把責罵當磨練往肚裡吞，「白紙」的資歷，反而更突顯他們的競爭力！「Sometimes less is more.」有時候少即是多，有經驗的人常常覺得自己比較有競爭力，自恃這項優勢，對萬事萬物不夠用心，也不願花心思學習。相反的，新手知道自己經驗不足，反而更用心，專心一志地把事情做好，這種單純和專注所產生的爆發力，往往能讓他們的成績超乎預期，比那些有經驗的人更好。

相對的，回頭觀看我所最熟悉的台灣年輕人與台灣餐飲環境，如果拿來和日本、歐洲、東南亞甚至中國在同樣基礎下作比較，我必須誠實感慨地說，「台灣已經沒有優勢了。」

台灣年輕人不論在抗壓性、語言能力、創意或精準度上，甚至是基礎學習表現都漸趨落後，逐漸失去與世界競爭的能力。很多人在飯店或餐廳做了幾年，就以為自己把技術全學會，自信滿滿地出來開餐廳當老闆。事實上，這些人本身的技術或心智都未臻成熟，是沒有辦法展現純熟技巧做出成熟料理的。因此台灣的餐廳雖多，但餐飲產業與料理文化不上不下，始終無法發展出在世界餐飲舞台上立足的出眾風格與地位，我認為這是台灣整體餐飲產業所面臨到的最大瓶頸。此外，一些年輕廚師把餐飲比賽當作志向，更完全扭曲料理真正的意義和精神。很多台灣廚師都希望能來我們餐廳工作，不過因為無法承受工作壓力，或自認了解廚藝精髓，至今 Restaurant ANDRE 的團隊依然沒有台灣籍廚師。

雖然競爭力較弱，但台灣人的創意仍讓我自豪和感動！他們需要發揮創意的舞台，除了提供環境，更重要的是鼓勵他們大膽執行創意。天馬行空的想法，沒辦法落實執行，仍然只是不切實際、海市蜃樓的空想而已。也因為這樣，這些年來我發掘很多台灣創意人，給他們多一些機會和平台，讓他們大展身手，讓他們的作品能被全世界看見。

為了讓 Restaurant ANDRE 擁有國際的視野，我也親手挑選來自世界各地的菁英。當語言能力、專業能力都能夠國際化，競爭力就能與世界同步。在我的餐廳裡，一直以來都有十二到十四個國籍的人才，大家一起工作、交流，並學習不同文化的優點。每個人對同一道菜可能有不同想法，當一道菜能被十二個國家的人所接受，那麼它就是一道上得了國際餐桌的菜，而不是一個閉門造車的東西。

在這樣的環境裡，每個人進步的空間很大，當大家互相吸收彼此的優點，完成一道作品，不論成品或過程都是不可多得的學習經驗。因此對我來說，用人和用料一樣重要。空有好食材或好技巧，不如把合適的人放在正確的位置，讓他們激盪出耀眼的火花。

不可或缺的 Flexibility

我挑選人才時，履歷往往不是我關注的重點，重要的是對這份工作充滿熱情，並且具備新思維，願意接受新觀念！

哪些是餐飲界裡詬病的「壞習慣」？首先，以為自己已經什麼都會了，不願意接受新觀念和新做法的人，我認為是阻撓進步最嚴重的壞習慣。

在料理上，我的做法與一般餐廳要求的模式大不相同。我不需要料理的「廚匠」，或自認為熟悉餐廳運作的油條老手，因為很多壞習慣一旦養成，就不好調整。相反的，我喜歡一張「白紙」般的人才，雖然一開始技不如人，但只要願意學習，肯吃苦耐勞，一定可以走出自己的路。

「彈性」則是餐飲服務從業人員必備的重要特質，所謂的「彈性」（Flexibility），就是精準且圓融，對周遭事情要「能伸能縮」。

以外場服務為例，服務人員必須從最小的地方用心，這「最小的地方」指的是深刻了解到每一位客人的需求是不一樣的。比方有些客人希望上菜速度能快一點，有些客人喜歡吃得慢一些；有的客人愛聊天希望被關注，有人卻討厭被打擾；有的希望單純地享受一頓特別餐點；有的可能是要洽談一件重要的生意……客人百百種，每一天服務人員所要面對的狀況都不一樣。重點是對於來用餐的客人而言，他們並不一定需要長篇大論解釋，相反的，他們希望服務人員能快速抓到他們的需求。

所以，針對每一位客人不同的習性、需求與要求，餐廳服務人員應對表現的方式應該有所不同，這絕對不是做十年、二十年，每一道菜只用同一種方式講解的「老餐飲」心態人士可以勝任的工作。

同時也必須注意到餐廳的氣氛，因為每一天來餐廳的人不一樣，氛圍也就不同，優秀的服務人員必須察覺到這點，並快速地做適度調整。面對來慶祝的客人，你表達你的祝福之情，並與他們一起同樂。面對時常來用餐的熟客，你的態度親切隨和，但也不失禮節。而面對來洽公的客人，你也會展現恰如其分的莊重。甚至要視客人的需求或目的，製造合宜的氛圍。不能說「喔，我只是個服務人員！」還是用同一套方式去服務客人。如果每天都一成不變，就不是及格的餐飲人員，而餐飲工作中的樂趣與挑戰，大概也就是在這些小地方。

同樣的，廚房內場的廚師也是一樣，經驗或技巧都只是一部分，想成為一個成功的廚師有個很重要的特質，就是要知道「客人要的是什麼」，這意謂著廚師要懂得市場走向和顧客心理，從料理到環境全面性地照顧到客人用餐的氣氛、服務與心情。

一家餐廳、一位廚師，如果只想達到客人要求的水準，那是不夠的！客人需要、想要什麼？餐廳必須提供比要求更高標準的服務和令人驚豔的餐點，甚至是超出客人原本的想像和期待。超過客人要求的水準，才算達到我的標準。而真正能打動客人的，是那超乎他們預期的百分之一。

不能只給客人需要的東西，而是提供他們沒有想到會給的東西，這就是我認為廚師必須具備的彈性特質。

餐廳經營幾乎是由每一個無形的小細節所累積起來的，但是服務人員對這些細節的關注與彈性，卻會產生一串連鎖反應，會影響到出菜速

度調配，甚至餐廳形象。當一個服務人員對這些細節不敏銳時，其他的知識、技巧，已經不重要，也不需多講了。我認為最極致的服務並不是提供一個機械式的標準流程，而是客製化，以及我一直強調的「細節」。

所以我希望我的合作夥伴都能夠有自己的想法，各自都能獨立思考與執行，這是我挑選合作人才的最重要的角度與標準。

挫折學

一路走來，我是苦拚過來的，每一仗都是硬仗。但就如我先前所講的，我非常幸運的，有這麼多人支持我的理念，欣賞我的料理，相信我的經營，陪我一起面對這些困難。沒有人衝第一個，我就衝第一個，我一馬當先，但後面仍然依賴這些人的支援。

這似乎也反映著我某種特質，那就是不會投機，總是用最辛苦的方式面對考驗。或許因為我是金牛座吧，就是一定要苦幹實幹，一步一腳印，任何困難都是硬著頭皮去克服。身邊跟隨我學習的年輕人，幾乎都遇到很多挫折。而我的想法是，**寧可讓他們早一點認識挫折，遭受挫折，把挫折當成最重要的功課，而不是一個打擊的傷害，讓挫折變成一個過錯**。我不會提醒他們哪裡會做錯或哪裡應該要注意，而是讓他們自己從失敗中學習，這將成為他們成長的動力。

我總是用最辛苦的方式讓夥伴們了解事物的道理，在這個過程裡，有些人可以承受，有些人不能承受，但我仍然希望他們盡早明白，想攀登高峰，就要隨時做好準備，唯有準備好，才有成功的機會。

隻身到法國學藝那段時間，在劇烈的身體磨練與精神壓力下，短短一年，我瘦了十六公斤。但我從不覺得辛苦，也不曾向挫折低頭，因為我始終以正面的態度來看待任何事。廚房裡有各式各樣的工作，然而因為語言不通，除了雜役我什麼也沒辦法做。原本在台灣，我曾被稱為「最年輕的法國餐廳主廚」；但來到法國，我卻沒有辦法展現最好的自己，這一點令我十分苦惱。

然而心底的另一個聲音告訴我，「André，你已經來到世界上最棒的法國餐廳了，在這裡做什麼都好，就算只能掃地，也是一件很光榮的事，多少人擠破頭都進不來，你已經很幸運了，沒什麼好抱怨！」

是的，雙子星主廚和米其林法國料理，以前只能透過書本、電視或報章雜誌上看到，現在的我已經踏進這個夢寐以求的地方，是餐廳裡的一分子，就應該享受身在其中的每一分每一秒啊！抱持著正面樂觀的心態，告訴自己這一點都不辛苦，不論擦拭刀叉、洗刷地板、清理冰箱，我都保持微笑，充滿感激。

於是，我認真地過每一天，努力地充實自己。而為了讓學習更專注，至少有兩年的時間，我沒有看過家人，也鮮少和他們聯絡。雖然對爸媽感到抱歉，但這也展現了我一定要在料理界出人頭地的決心。父母親和姐姐、哥哥曾經一度要到法國來看望我，但是我告訴他們，「我很好，請暫時不要過來看我。」儘可能避免與家人有太多聯繫，不被激起「人在異鄉」那種想家的感覺。

許多人往往認為成功者都具備過人的天分，才有高人一等的成就。但**我認為他們最重要的成功關鍵，是來自在工作崗位上不斷堅持的努力，這一點，也是促使我不斷向前的一股很大動力。**正因為有這樣的理解，我從不覺得這段歲月有多辛苦。我只認為，「每一個挫折，每一分煎熬，都只是一個你正在習慣的過程。」只要這麼想，辛苦就一點也不辛苦了。

意志力雖然是一種沒有形體的信念，但這股信念卻比金錢、比物質來得深不可測、強而有力，而意志力的淬鍊，就是從挫折學習中一點一滴累積出來的。這是屬於我自己的一套「挫折學」，挫折並不是壞事，當你去習慣它、珍惜它之後，你便能發揮堅強的韌性，迎戰各個艱難的挫折。

Simplicity——勿忘初心

很多人問我：「有沒有什麼話可以鼓勵現在的年輕人？」「Be simple!」是我唯一的答案。要把自己當作是一張白紙、一塊新生的海綿，因為空白，才可以容納更多東西。因為新生，更能全心全意地萃取養分！

而用中文解釋，「Be simple」可以說成「單純」，意思指的是「沒有太多想法」，這也就是我的 Original intention——勿忘初心的理念。

我的想法其實很簡單，「做菜」是我的謀生工具，所以無論如何，第一任務是一定要把這件事情做好。因此，我不會降低自己的標準，我只能一次做得比一次更好。

在料理研發上，只要一有想法，我就馬上執行。每一樣東西我一定親自製作，實際經手之後，哪些步驟可以採用，哪些步驟不適用，我才會一清二楚。我不怕失敗，因為在一道失敗的菜裡，百分之八十的過程其實都是可貴的成功經驗，是一種自我提升的學習。

而當我覺得已經可以把一道菜做到「完美」的時候，也就是我放手的時候。唯有一再挑戰，不斷前進，才不會被固定在一個框架裡。有了這一分認知，面對各式各樣的挑戰時，我也能清清楚楚找到自己該走的道路，不忘記那份珍貴的「初心」。

人生道路曲折，很多人到達某一階段，很容易就忘記當初立下志向的「初心」。有了房子，就想要更豪華的房子；有了車子，還想要更名貴的車子，迷失在無限的慾望之中。這時候，**「初心」就成了一種溫柔的提醒，使我能享受的不只是那份成果，而是享受自己全心投入其中的過程，從甘苦交織的每一分鐘，挖掘無可取代的意義。**

在這一路成長奮鬥的過程中，每次到達某個時期的收割，得到一點收穫時，我就會慎重提醒自己「不要遺忘初心」。因此我隨身攜帶畫圖本子和五支湯匙，畫圖本可以記下每一個突如其來的靈感，讓每一分鐘、每一天的思緒與經歷，都可能化作美味的料理。

五支湯匙則代表我一路走來的五個重要階段——感官花園學藝、亞洲展店、賽舌爾島的冒險、JAAN par André 的革新，以及獨自開業的 Restaurant ANDRE，每次看到它們，就想起最初立定志向要學習料理

的自己，如何歷經這麼多挑戰，達成每一個階段的夢想。

而湯匙這個在廚房最常使用的工具，很能代表一個廚師在料理這條路的堅持與摸索。湯匙的凹面講究精準的份量（measurement），不論做法、時間和溫度都必須力求精確，每一個烹調的細節都不能馬虎，這是廚師必備的「理性」。

而湯匙的背面有著彎彎的弧度，可以無限延展。當客人來用餐時，一間餐廳或一個廚師可以帶給他們什麼？只是吃一頓飯、享受美味的料理？還有其他的嗎？這就像flexibility，對待客人，不能只依賴既定標準，必須充滿彈性、甚至想像力。更深一層來說，這也能代表廚師的「感性」，我們無時無刻都要用心體察生活，捕捉細微的感動，並將之蘊藏在料理與整體用餐環境之中，傳遞給品嘗的人。

唯有理性與感性並存，用精確的技巧來傳達料理背後的故事，才能做出好料理。而每一個廚師千萬都不能忘記，當人們用湯匙把食物放入口中，理性的調味精準與感性的心情悸動將平行並存，沒有哪一個比較重要，或比較不重要。

一路上，我看到許多廚師朋友，為了要賺更多錢，為了因應市場潮流，或為了找輕鬆一點的工作，早已忘記了當初踏入這一行的熱情，做了很多妥協。也有很多人在自己的工作上不快樂，然後抱怨一切都是別人的錯。

然而，不管環境如何，最終可以做選擇的人是我們自己，決定權完全在我們手上。我想說的是，「時時回歸並堅持最原本的初心！」我的經驗告訴我，當你回到最純淨的自己，你會知道該怎麼做，你不但可以激發出更多的熱忱，也會創造出無限可能的人生！

莫・忘・初・心

- 其實「一道菜」並不只是食物和容器而已，而是代表著「味道的先後順序和潛意識的用餐心理學」。
- 用人和用料一樣重要。空有好食材或好技巧，不如把合適的人放在正確的位置，讓他們激盪出耀眼的火花。
- 當我覺得已經可以把一道菜做到「完美」的時候，也就是我放手的時候。
- 但我認為他們最重要的成功關鍵，是來自在工作崗位上不斷堅持的努力，這一點，也是促使我不斷向前的一股很大動力。
- 我不怕失敗，因為在一道失敗的菜裡，百分之八十的過程其實都是可貴的成功經驗。
- 每一個廚師千萬都不能忘記，當人們用湯匙把食物放入口中，理性的調味精準與感性的味覺感動將平行並存，沒有哪一個比較重要，或比較不重要。

國家圖書館出版品預行編目資料

初心 / 江振誠 André Chiang 著；
-- 初版 . -- 臺北市：平安，2013.05
面；公分 . --（平安叢書；第 0412 種）(FORWARD ; 39)
ISBN 978-957-803-864-6（平裝）

1. 江振誠 2. 臺灣傳記

783.3886 102006987

平安叢書第 412 種
FORWARD 39
初心

作　　者—江振誠 André Chiang
發 行 人—平　雲
出版發行—平安文化有限公司
台北市敦化北路 120 巷 50 號
電話◎ 02-27168888
郵撥帳號◎ 18420815 號
皇冠出版社（香港）有限公司
香港銅鑼灣道 180 號百樂商業中心
19 字樓 1903 室
電話◎ 2529-1778　傳真◎ 2527-0904
責任主編—許婷婷
美術設計—王瓊瑤
印　　務—林佳燕
著作完成日期— 2013 年 01 月
初版一刷日期— 2013 年 05 月
初版二十八刷日期— 2023 年 12 月
法律顧問—王惠光律師

讀者服務傳真專線◎ 02-27150507
電腦編號◎ 401039
ISBN ◎ 978-957-803-864-6
Printed in Taiwan
本書定價◎新台幣 320 元 / 港幣 107 元